听孩子讲
胜过对孩子说

华小克◎编著

中国华侨出版社

北 京

图书在版编目（CIP）数据

听孩子讲胜过对孩子说／华小克编著. —北京：
中国华侨出版社，2018.5
ISBN 978-7-5113-7609-1

Ⅰ.①听…　Ⅱ.①华…　Ⅲ.①儿童教育—家庭教育
Ⅳ.①G782

中国版本图书馆 CIP 数据核字（2018）第 044024 号

听孩子讲胜过对孩子说

编　　著／华小克
策划编辑／周耿茜
责任编辑／高文喆　赵秀村
责任校对／王京燕
封面设计／胡椒设计
经　　销／新华书店
开　　本／710 毫米×1000 毫米　1/16　印张／13　字数／160 千字
印　　刷／三河市华润印刷有限公司
版　　次／2018 年 5 月第 1 版　2018 年 5 月第 1 次印刷
书　　号／ISBN 978-7-5113-7609-1
定　　价／35.00 元

中国华侨出版社　北京市朝阳区静安里 26 号通成达大厦 3 层　邮编：100028
法律顾问：陈鹰律师事务所
编辑部：（010）64443056　64443979
发行部：（010）64443051　传真：（010）64439708
网　　址：www.oveaschin.com
E - mail：oveaschin@ sina. com

前言
倾听孩子，捕捉心灵空间的奥秘

　　现今社会生活节奏加快，工作愈加繁忙，时间似乎成为了最昂贵的消费品。陪伴孩子对父母来说已经不易做到，若想拿出时间专门认真倾听孩子、理解孩子并及时给其答疑解惑，似乎越来越困难。国外许多心理学家对倾听孩子的重要性做了深入的研究，他们认为父母的耐心倾听与孩子的身心健康、对待学习的态度以及未来成才密切相关。如果父母忽视了孩子小时候的心理问题，其累积的负面情绪就会形成痼疾，为其将来的个人发展埋下隐患，因此身为父母者应该重视倾听孩子、了解孩子，否则就会使通过奋斗所取得成就的意义大打折扣。

　　对于孩子的家庭教育，父母必须由说教转移到倾听上来。这样做有两方面好处：一是孩子有些情绪、心理上的问题可以通过父母的倾听自行解决；二是父母听得懂、听得准，才能给孩子以正确的劝勉和引导。父母做到了解得透彻、施教方法得当，孩子的成长就会少走弯路或者免于摔倒。

心理学意义上的倾听孩子，不是简单的"听"，而是对孩子发出的信息快速接收、储存、辨析、理解，然后给出准确的回答，采用有效的办法解决问题。这里所说的"准确"不仅仅是说得"正确"，还包括适合孩子此时此地此情此景的心理需要，以化解孩子的心理困惑，规范孩子的行为。"有效"是指采用的办法是根据孩子的实际情况所选择的最优方法，而不是他人常用的方法。父母能做到这样的"准确"和"高效"，才是真正会倾听孩子的父母。

倾听孩子需要技巧。不仅要用耳朵来听孩子说、笑、哭、叫，还需要全身心地去感受孩子传出的非声音信息。人们常说"耳聪目明"，"耳聪"就是指听觉发达，迅速获取声音信息；"目明"则是指眼光敏锐，能捕捉到细微的变化。孩子的情绪变化是快速的，肢体语言所透露的信息也是复杂多样的，父母要做到"耳聪目明"。

孩子说话受智力的局限，不连续、不准确，这就要求父母在倾听时排除内心情绪和外部环境的干扰，集中注意力，做到全神贯注、准确无误地捕捉孩子发出的声音信息和肢体语言信息，也就是要保持较强的机智性和敏捷性。

父母倾听孩子不是简单地接收孩子发出的表象信息，而是要从孩子的心理变化、话外音等方面，运用自己的经验和知识去揣摩、感受和判断孩子所传达的各种信息，不能简单地、机械地理解。孩子说话经常搞不懂主次，往往最先说出的却不是事情最重要的部分，所以父母要筛选过滤，排除干扰信息，进行信息价值评估，理清孩子所说的主要意思和主要目的，做到透过现象抓本质，做出正确的判断后再决定自己怎么说、如何做。

父母在倾听孩子时切忌心不在焉，否则不但不会听进去孩子说的话，还会忽视孩子通过表情、眼神、体态所表达出来的意思。这样不负责任的倾听，容易导致孩子形成你不尊重他、不爱他、不喜欢他的错误认知，不仅达不到倾听的效果，还会导致亲子关系出现问题。

父母以积极主动的心态倾听孩子，并辅以关爱的肢体语言，能给孩子带来安全感，进一步激发孩子的表达欲望，使其尽量完整地呈现自己的想法，讲出一些被情绪掩盖的真相。

本书详细讲解、阐释父母倾听孩子的心理学意义、注意事项，以及如何有针对性地解决孩子在成长中的各种问题。相信身为父母者阅读此书后，能够更好地帮助孩子处理情绪、心态方面的困扰，在帮助孩子减轻成长烦恼的过程中，同时减轻自身的烦恼。如此一采，亲子关系会更加和谐紧密，在促进孩子学习兴趣、心理素质、交往能力等方面有更好、更快的提升。

目录
Contents

第二章　倾听孩子的情绪变化，细心"把脉问诊"

第三章　倾听孩子的愤怒，给出释放情绪的心理空间

第四章　听出孩子在学业上的困惑，指导点对点

第五章　倾听孩子犯错的原因，说"不"也走心

第六章　倾听时找到关键点，打气鼓劲更精准

第七章　孩子为同伴关系纠结，父母倾听之后解谜团

第八章　倾听孩子的心灵呼唤，用智慧培养精英素质

第一章

父母倾听孩子的心理学要领

　　倾听是交流的媒介，每个人都有被倾听的需要。出生于奥地利的美国心理学家科胡特认为，当一个人被倾听时，会把表示尊重、欣赏的倾听者当成"自我物"，即倾听者这时不是一个独立的人，而是为说话者而存在的人。通俗地讲，也就是倾听者是说话者的一部分，而不是"我"和"你"两个独立的人。基于这一理论，父母倾听孩子时，孩子会把父亲或母亲当成是自己的一部分，因此心灵空间得以放大，思路得以打开，心情获得了极度放松，彼此的关系进入无障碍状态，心灵沟通自然变得通畅自如。

父母为什么要倾听孩子

倾听在沟通中扮演着非常重要的角色。美国学者曾做过这样的研究，良好的沟通是，40%的时间用于听，35%的时间用于说，16%的时间用于读，9%的时间用于写。可见倾听在沟通中的重要性。耐心倾听孩子，代表父母对孩子尊敬、在情感和精神上对其关心，是亲子良好沟通的重要环节。父母的倾听具有净化心灵的效果。当孩子遭遇不安、恐惧、困顿、失望的情绪问题时，父母耐心的倾听能够使孩子杂乱的情绪得以缓解，使其心灵变得纯净而透明。

倾听还是父母与孩子之间的情感枢纽，传达出关爱、安慰、寄托等信号。父母在日常生活中，因为工作、学习、社交等活动会占据大量时间，陪伴孩子的时间比较少，这就减弱了亲子情感的浓度和密度。在父母看起来是微不足道的小事，但可能让孩子由于不理解而产生疏离感和沮丧情绪。当孩子无法感受到父母的关爱时，会变得烦躁不安、大发脾气、大哭大闹，甚至会做出让人难以预料的事情。父母倾听孩子，能帮助孩子疗愈因大人未知的原因形成的心灵创伤，激活其美好的情感和纯真的童心，重新开朗乐观起来。

通常情况下，孩子得到父母的有效倾听后，能消除不良情绪。

当孩子感到不安、焦虑、恐惧、愤怒的时候，只要父母在他的身旁，做出爱抚的举动，认真倾听，孩子就会通过大笑、转移注意力、宣泄压抑等方式来清理积存的负面情绪。这个过程是孩子自我成长的体现，也是通过自我疗愈重新获得快乐的过程。

孩子通过父母的认真倾听，能够增长热情、领悟力和创造力。孩子通过父母的倾听，感到被关爱、被理解后满怀希望。他们会表现出某些看似微小却很有意义的行为，让父母了解到其行为上的改变。在通过哭闹、大笑、诉说等方式排除情绪负累之后，勇敢地去和他以前害怕的小伙伴一同玩耍，唱起欢快的儿歌，或把他以前很讨厌的作业做完。父母在倾听之后，会捕捉到孩子天性的闪光和灿烂的微笑。做有心的父母，不会错过孩子带有情绪反应的一举一动，看到孩子的自信心不断增长的迹象。这就是孩子对父母认真倾听的回报，是亲子关系得到发展的结果。

男孩松松的左臂上长了一块皮癣，需要每天擦药膏。但是药膏擦上去有灼痛的感觉，妈妈每次给他擦药之前，他都会大哭大闹。有一天妈妈想试试，如果不强行给儿子擦药膏，而是听他哭闹会有什么样的结果。于是，妈妈举起药瓶在松松的眼前晃了晃，然后俯下身子靠近松松，听着他大哭、坐在地上蹬脚。半个小时以后，松松的哭声由大变小，最后停止下来。妈妈问他要不要打开瓶子看一看瓶子里的小刷子。松松又哭闹起来，持续了约 10 分钟后停止。妈妈再次问松松，这次他同意了。妈妈打开瓶子，给他做示范让他看怎样用小刷子擦药膏。松松又哭了起来。妈妈说："我一定要给你擦药膏，不过如果你愿意，可以自己先试试这个小刷子。"这句话引起了松松的兴趣，他伸手碰了一下小刷子，马上又缩回身子哭了起来。过了一会儿，他起身捏住刷子，母亲让他摆弄了一会儿，然后提醒他现在得把药膏涂在手臂上。松松又哭了，可很快就停止了，问妈妈是否可以让他自己涂，妈妈说可以，他很小心地把里边的药膏擦在长癣的位置。从这后，到了擦药膏的时间松松就不再闹了，而且非常愿意自己擦药膏。

孩子在面对新的挑战时，如果能得到父母的倾听，他们的自信心会得到惊人的增长。当孩子为了清除某种负面情绪时，需要父母的多次倾听，就像松松怕擦药膏哭了好几次，妈妈就一直听他哭闹。但事实证明，孩子最初的恐惧、软弱、焦灼的状态随着每一次倾听都会获得明显的改善。

伴随着关爱的倾听能给孩子提供成长的动力，促进行为能力的改变。因此，父母的倾听能改变孩子的心智，肩负培育、引导、教育孩子重任的父母不仅要学会倾听，还要善于倾听，洞悉孩子的喜怒哀乐背后的潜在原因，为孩子提供更为广阔的快乐成长的沃土。

拿出特定时间，倾听孩子的诉说

中国传统的家庭教育方式，以灌输、指导为主，父母忽视了作为倾听者对孩子产生的影响。有个男孩子因父母没有时间听他说话而离家出走，他给父母留了一张字条："你们想知道我去了哪里？我现在告诉你们，我去找有时间听我说话的人去了。因为我有许多话要说。"由此可见，孩子多么需要父母听他说说心里话。

无论父母多么忙，都要尽可能让自己有时间陪伴孩子，当孩子在沙发上看电视时，妈妈可以拿一样活计坐在他的身旁；或者是在孩子做家庭作业时，拿着一本书走进孩子的房间坐在床边……如果在这些时候由妈妈提一些问题与孩子一起探讨，可能不会有好的效果。如果孩子想与妈妈交谈，最好是让孩子先说话。父母也会经常因一些问题感到焦虑，与孩子交流时，很容易讲出自己感到焦虑的问题，比如，问孩子的学习成绩怎么样，或者在班级活动中是否表现得积极，受到表扬没有，这一类的话题很难说是孩子乐于谈的。因此，与孩子在一起时，父母不要拿自己感到焦虑的问题与孩子谈，只需做一个好的倾听者，去发现孩子的问题，然后找到适当的时机去处理问题就行了。

如果父母必须对孩子进行劝导或者说教，而不是做一个真正的倾听者，就要首先处理好自己的焦虑情绪，因为父母的焦虑情绪，妨碍与孩子进行以孩子为主导的交流。这就会使陪伴和倾听的意义大打折扣。

孩子想对父母倾诉心中的烦恼，会在他感到安全的时候开始，而不是在父母认为方便的时候。孩子可能需一段时间准备好想对父母所说的内容，尤其是他认为不好接受的内容，会经过认真考虑。但是，这并不能表明，孩子真正明白了他的想法，因为他的表达能力还不是很好。

孩子向父母敞开心扉的最重要因素是安全感，而不是父母为他安排的特定时间。父母必须仔细观察孩子，知道他何时开始整理自己的思路，何时打算把自己的想法说出来。为了建立起彼此的沟通管道，一旦孩子开始说话，父母必须放弃自己原来的计划，比如做家务、给同事或亲朋打电话等，把注意力转移到认真倾听孩子的谈话上来。

李倩的妈妈注意到，在开车接女儿回家的路上，她会谈起在学校遇到的令她烦恼的事情。有一次，李倩的情绪十分低落，眼泪汪汪地讲起了后座的男同学经常拽她头发的事情。妈妈十分镇定地把车开到附近的山路上，而不是直接回家。妈妈一直听女儿诉说后座男孩子的捣蛋行为，把这次回家的时间延长了一小时，让女儿在一个安全的环境中继续诉说和哭泣。在汽车里，妈妈对女儿的关注不是直接的，所以不会导致女儿掩饰自己的情绪。这种方式对妈妈和女儿都很合适。妈妈需要专心开车，所以不介入女儿的哭诉。她只是倾听，让女儿释放出积压在心里的负面情绪。直到女儿的心情平静下来，妈妈才告诉女儿，如何找这个男孩谈话，制止他的这种不当行为。

有了这次经历以后，每当女儿在汽车里要开始诉说自己的困惑和烦恼时，妈妈就改变回家的路程并延长回家的时间，让女儿有足够的时间说出心里话，排遣负面情绪。

心理学上的威尔德定理来自英国学者 L. 威尔德一句十分经典的话："人际沟通始于聆听，终于回答。"意思是，倾听是对讲话者的尊重和理解，倾听是做出正确判断的前提条件。父母只有耐心倾听孩子，表示出对他的关爱、尊重，才能进行顺畅的沟通。

孩子诉说时，父母首先要做个好"听众"，不要急于给出建议。孩子开始诉说时，要尽量让他心情放松。父母不要让自己的不安和焦虑干扰孩子的诉说和情绪宣泄。父母要明确认识到，这段时间是属于孩子的。孩子正在理清自己的生活体验，要给他温暖的关爱和处理情绪的信心。孩子在这个时候只允许父母了解他的想法和疑问，并不是想获得答案。孩子真正需要的是通过父母一些简单的表示，确信父母理解他、尊重他、关爱他，并且相信他自己能够找出解决问题的办法。对孩子而言，他所感受到的父母的这些表示，有

听孩子讲胜过对孩子说

时会比任何建议都重要，且更有价值。当孩子希望父母做出回应时，只要充分表达出对他的关切和坚定的信任，就足够了，时机不到时，不要进行一些指点，摆家长的权威发号施令。

父母要知道什么时候、什么环境下孩子和自己在一起有安全感，并有意促成这种环境上和时间上的条件。对于许多孩子来说，在特定的时间段，如果有父母在他身边，而且不是忙于公事或家务，其安全感就会增强。尽管在周末时，孩子不一定需要父母待在家里，但是当孩子得知父母不外出时，孩子整个周末都会感到更加温暖、更加快乐。增加陪伴孩子的时间，对于密切亲子关系、增加交流与沟通非常重要。

父母需要耐心倾听年幼的孩子

年幼的孩子会非常直接地表现自己的内心感受，高兴时会哈哈大笑，烦躁时会大喊大叫，害怕时会浑身出汗和发抖，伤心时会大声哭喊。父母都知道孩子在幼年时会有这样的情绪表现，但至于孩子为什么要哭闹、发脾气，可能许多父母并不太清楚。其实，这都是孩子为了消除紧张情绪。需要父母陪伴在身边，耐心倾听才能了解清楚。压抑、恐惧、悲伤是孩子不能承受的情绪负累，因此要靠发脾气、愤怒甚至是打大人的行为来排遣。等孩子甩掉这些负担，就能重新恢复自信心，正常地与父母交流，与小伙伴一起玩耍。父母的耐心倾听就是帮助年幼的孩子进行自我疗愈。

父母主动倾听孩子，就是允许孩子发泄不良情绪，直到他平静下来。这样做对孩子的身心健康大有益处。通常父母对待孩子的情绪变化，总是想帮助他们恢复平静，因为父母非常担心孩子会变得失去理性，不能不带偏见地观察事物。但是，想帮助孩子恢复平静的做法往往会南辕北辙，父母越劝导孩子越平静不下来。孩子开始哭闹、发脾气时，最需要父母有耐心地留在身边用手抚摸或搂抱他，和蔼、耐心地倾听他，或偶尔讲几句关心的话，例如，妈妈在孩子哭闹、发脾气时可以这样说，"宝贝，妈妈很爱你""发生这样的事妈妈也很难过"。假如妈妈在此时话说得太多，或者斥责孩子，孩子会认为妈妈凌驾于他之上，情绪反而会变得更坏。

如果孩子在哭闹或发脾气时，父母能心平气和地倾听孩子，而不是企图制止和纠正他，那么孩子会深深地感受到父母的关爱。当他把自己的情绪负累通过发火或哭喊发泄出来后，会重新注意周围的情况，主动与父母交流内心的想法。困惑完全解除了，就会感到轻松并精神焕发。值得注意的是，当孩子发泄到高潮时，会有暴风骤雨般的哭闹。这一点正如我们常说的，"风雨过后见彩虹"，大哭大闹过后，父母就可以看到孩子浅笑或很放松地打个哈欠，这就意味着孩子重新调整好了自己的情绪。

当年幼的孩子感到紧张或孤独时，会主动制造一些看似讨厌的情况，如摔坏玩具、撕坏读物，以使父母不得不对他的行为给予限制。但是，当父母给出合理的限制时，孩子就会乘机再次哭闹、发脾气，从而消除他的紧张情绪。假如此时父母能说几句使他安心的话，耐心倾听他，他就能摆脱恶劣的心境，变得情绪放松、明白事理，接受父母给出的限制。不过，如果孩子身上已积累了大量的不安、愤怒或不信任感，那么就得经过若干场哭闹才能消除掉积累的负面情绪，然后才能意识到父母是喜欢他、爱他的。

大多数情况下，父母倾听年幼的孩子哭闹、发脾气，会比要求他停止或想办法转移注意力，更能有效地缓解孩子的情绪压力，使孩子更快地平静下来。在孩子哭泣、发脾气的时候，会感到自己眼中的世界已经崩溃，非常需要父母向他表示关爱。当父母待在孩子身边，不提任何要求时，孩子会慢慢修整好自己眼中的世界，而父母的关爱会成为这个世界中充满活力的一部分。如果在孩子被负面情绪所困时，父母不对他表示关切，他会感到父母不喜欢他、不爱他，情绪会变得更加恶劣。

倾听年幼孩子的哭闹和发脾气的重要性经常被父母忽视，往往孩子一哭就去给他拿吃的，或者是拿玩具转移他的注意力，这都是不正确的做法。年幼孩子的哭闹许多时候并不是因为饿了或者是缺少玩具，而是心里积累了负面情绪，必须以哭闹、发脾气的方式来排除。儿童学家的研究表明，父母每一次认真倾听孩子哭闹、发脾气，与孩子之间的爱和信任感都会得到加强。

倾听是解决成长困惑的"金钥匙"

生活在高速发展的现代社会，已经步入学校生活的孩子要面对他们的父辈、祖辈不曾面对的各种问题，心理上也会承担更大的压力，如学业压力、人际关系压力、社会及家庭高期望值的压力等。孩子的人生观和价值观还没有完全建立，什么是对的、什么是错的还不完全懂得分辨，没有甄选和决断能力，却被方方面面灌输了零碎的、不系统的正面或负面的信息，因此经常感到迷茫和困惑，更有盲从者因缺少关爱和劝导误入歧途而不自知。

孩子在年龄小时，没有真正步入体验人际交往的环境，关于如何交朋友、处理冲突、情绪的宣泄与表达、站在他人的角度思考等经常显得手足无措，他们需要父母的支持、引导、帮助，并从父母的言行中获得正确的方法处理在他们看来是天大的事情。父母在这样的重任面前，需要做的最重要的事情是了解孩子的心理困惑和所面临的问题，而这一切必须从倾听孩子开始。

苏格拉底说："上帝给我们两只耳朵、一张嘴，为的是让我们多听少讲。"这句话用在培育和引导孩子方面尤其恰当。倾听孩子不仅是一种教育艺术，更是父母与孩子进行良好沟通的开端。只有耐心倾听，才能准确地把握成长中的孩子流露出的情绪及话语传达出的信息，才能根据孩子的喜怒哀乐了解其心理状态。而且父母的耐心倾听是主动参与的过程，在倾听的时候接收、理解、思考孩子哭、笑、言、行时背后的动因，并要忘却自己对孩子的期待和偏见。

每个孩子都有向别人表达想法的愿望，喜欢父母认真倾听。如果孩子倾诉的欲望如愿以偿，就会感到父母爱他、尊重他，心灵会得到极大的满足。反之，就会感到受到了极大的伤害。

许多父母不知道，当孩子有不良情绪时要保持心情愉悦，还要细心关注孩子、协助他宣泄不良情绪，有具体做法上经常让孩子有错位的感觉，因此形成了彼此沟通上的障碍。父母必须要明白，孩子只有在认识到把积在心里的郁闷全部说出去时才会有安全感，才会放下心里的包袱。而一个孩子能否自在地进行内心想法的表达，与他的安全感紧密相连。从这一点可以看出，孩子的表达与安全感是相辅相成的。如果父母以认真倾听孩子满足他的心理需要，孩子就会觉得父母尊敬他的想法，对他表现得很友善，他就会觉得有安全感，因释放情绪负累而变得快乐。

如果父母不懂得倾听的重要性，或者没有耐性听孩子把话讲完，取而代之的肯定是对孩子的训斥和指责。不仅会让家庭阴云笼罩，还会因孩子面临的问题没有解决，发生意想不到的后果。比如，孩子连续犯错，或者发生因不能容忍父母而离家出走等严重的事情。出现了这种局面是谁的责任？当然是父母的责任。因为父母是沟通的主导者、示范者。父母应思考孩子为什么不听话，或者是你越说他越不听的原因。事实上，问题的根源就在于父母没有用倾听让孩子感受到你的关爱、理解和尊重，没有给他安全感，使彼此的沟通陷入了危机。如果这种危机不能化解，孩子的对抗情绪会越来越强烈。

有专家把父母的倾听比作给孩子一个空瓶子，让孩子把情绪负累倾倒出来。但是父母倾听孩子，并不意味着父母要接过一个装满情绪负累的瓶子，也不意味着纵容孩子。只是在帮助孩子排遣情绪负累，像倒垃圾一样清除不良情绪。孩子的心灵空间更为广阔，思维才能正常运转。

父母在倾听孩子时要运用"古德曼定律"约束自己。心理学上的"古德曼定律"也叫沉默定律。主要内容是，沉默可以调节说话和倾听的节奏。沉默在沟通中的作用，就相当于零在数学中的作用。尽管是"零"，却很关键。没有沉默，一切交流就不能顺利进行。因此，父母在倾听孩子时，不要急于表达自己的想法。

父母倾听孩子时要注意的细节

倾听孩子是个复杂的过程，需要调动听觉、视觉，需要做出表示关爱、理解的动作，还要根据孩子的状况做出快速反应，对孩子的疑问给出正确的回答。如果父母精力不集中，不能全神贯注，缺乏把倾听进行到底的耐心和决心，就不能发挥倾听的作用与效能。因此，倾听孩子要做到以下几点。

1. 保证有足够的时间倾听孩子

很多父母会感到没有足够的时间倾听孩子。每天忙忙碌碌，怎么会有半个小时、一个小时的时间专门坐下来倾听孩子的喜怒哀乐呢？谁去准备晚饭？谁去整理房间？谁去孝敬老人？在现代都市生活中，时间是个昂贵的消费品，大多数人都会把自己所要做的事安排得满满当当，不会轻易为某件事多耗费时间。但是，如果能抽出时间倾听、陪伴孩子，与孩子及时沟通避免出现更严重的问题，那么这不是非常有价值的事情吗？

研究表明，许多父母当孩子出现情绪问题时，肯花时间倾听、帮助孩子走出心理困境，会省去不少麻烦。比如，不再需要花时间训斥孩子，也不必为他不快乐、有厌学情绪、与小伙伴发生冲突等事情担心。也就是说，当孩子被负面情绪困扰时，特别需要父母坐下来陪在他的身边，允许他哭出内心的委屈，诉说自己遭遇的麻烦，以给出必要的建议和指导。当父母明确意识到，这是孩子在求助自己帮他处理不良情绪，在为父母减轻因出现更大的麻烦所产生的负担时，这个时间无论如何还真是不能节省。

2. 用肢体语言表达对孩子的关爱

当孩子在宣泄负面情绪时，父母用手抚摸、搂抱孩子，用关爱的目光注视孩子，是在给出最有力的支持。这时候父母要注意与孩子所处的位置，让他能感受到你是在用温情和关爱鼓励他。如果孩子能注意到你充满爱抚的目光，就可能进入情绪宣泄的高潮，一眼也不看你，但这都没有关系，等到他把负面情绪清理完，就会恢复与你的全面接触。对孩子施以温柔的触摸、轻抚面颊、拉一拉手，都会把关切直接送入他的心田。这时尽管孩子对父母的关爱可能没有对应性的表示，但是很快就可以看到孩子的神情越来越放松，他在接受父母所给予的全部关爱时，完成了自我疗愈。

3. 父母要克制自己的情绪变化

父母习惯于从自己的角度理解身边的事物。如果自己的心里是万里晴空，也不愿意看到孩子一脸沮丧。但是孩子情绪经常被父母注意不到的外界因素所左右，快乐和烦恼不能与父母和上拍子。比如父母心情不好时，看到孩子高兴也觉得心烦；而孩子情绪低落时，父母在独自为好心情沉醉，这样就不利于孩子处理他的情绪问题。因此，父母在倾听孩子的时候，要把自己的情绪因素做以收敛，以孩子的情绪问题为主导去倾听孩子，比如孩子情绪低落时，要尽量表示理解孩子，使他能倾诉自己之所以不安、焦灼、郁闷的原因，然后给以适当的输导。

4. 让孩子把情绪负累宣泄出来

孩子不会无缘无故地心情郁闷、情绪低落，委屈、难过、悲伤、失落、绝望都是有原因的。孩子有时候不知道怎么样开口谈，或者对父母说出自己的烦恼也有所顾虑。父母要表现得理解孩子，愿意耐心地听他的倾诉。有时候，当父母表达对他的关爱后，孩子会大哭不止，好久也说不出一个字来。不过，父母要能凭借孩子的表情、哭泣的声调、紧闭双眼等大致推断出他的烦恼所在。因此，父母要在倾听时保持敏锐的观察力，不论他能否开口谈自己的烦恼，都要做出准确的分析与判断。

5. 努力想象而不轻易提出忠告

父母要努力把孩子脸上的表情、所说的话想象成一个画面，这样更容易进入孩子的内心世界。比如，女儿放学回家后就向妈妈哭诉，上课时因同桌先与她说话，两人被老师叫到教研室狠狠地批评了一顿。她一把鼻涕一把泪地说："本来不是我的错，我为什么也要受到批评呀？老师就是不公平。"这时如果妈妈能想象出女儿低头挨批评的样子，就会深深地理解她的委屈。如果这时说一句"你一定很委屈，因为你没有错"，孩子就感到妈妈是理解她、尊重她的，心里的委屈可能立刻就烟消云散了。

既然父母的倾听本身就是帮助孩子处理情绪问题，孩子也特别需要这种倾听。若父母这时沉不住气，急于提出忠告就是在妨碍孩子。孩子哭、笑、讲述的时候，他的注意力完全集中在自己的感受和父母的关爱上，对身边的事物全不在意，根本听不进去在父母看来是苦口婆心的忠告，父母任何责怪训斥只会加深孩子所受到的伤害而已。孩子宣泄完情绪负累后，会重新感到轻松并恢复自信。这一点父母铭记后，才能对自己该说什么话拿捏得准确到位。

孩子处于特定情态下的倾听方式

孩子的心理变化是微妙的，孩子的情绪起伏也是没有确定性的，这就需要父母在倾听孩子时做好心理准备，以自己平和的心态应对孩子的情绪变化，以求收到良好的倾听效果。

1. 搂紧孩子，给他强有力的支撑

如果幼小的孩子因惊吓而感到恐惧，父母一定要紧靠着他的身体，让他一睁眼就能看见你的表情。这时的孩子，在回想刚才经受过的可怕情景时，如果能看到你镇定、安之若素的面容，而不是同样非常惊慌、恐惧的样子，他的心情就会放松。父母倾听孩子时镇定、坦然的神态，能对孩子排除恐惧感提供可靠的支撑。孩子在重新体验刚才所发生的一幕时会大声尖叫，弓着后背缩紧身子，双眼紧闭不敢睁开。此时你应轻柔而坚决地把他紧搂在怀里，鼓励他看着你，告诉他你就在他身边，可以随时保护他。渐渐的孩子的恐惧就会消除，恢复到正常的状态。

2. 孩子处于极端情绪状态时要努力靠近他

当孩子因外界事物的刺激感到恐惧、心生愤怒时，父母想靠近他，他可能会极力推开。这时孩子会把引起恐惧、愤怒的对象与走近他的人联系起来，因为他无法与引发他情绪变化的那个阴影抗争，但可以与身边的这个人抗争。如果父母也在引发孩子恐惧的现场，无论孩子的言行怎样过激，父母都要紧跟在孩子身旁，随时准备帮助他战胜曾经使他恐惧、愤怒的某件东西或事物。

父母心平气和地允许孩子挣扎、哭泣、尖叫甚至摔坏某个无关紧要的物品，如玻璃杯就能加快他摆脱恐惧、愤怒对他的心灵控制。尽管这是父母很难把握的情况，既不能用话语压服孩子，也不能用行为左右孩子，看似无能为力了，但至少可以给孩子带来安全感。如果父母倚仗自己身材和力量上的优势强迫孩子服从自己的意愿，就会给孩子带来更大的伤害。如果孩子因情绪冲动高声尖叫着跑开，父母也要慢慢地以和蔼的态度靠近孩子，守在他的近旁给以很好的安慰。当孩子从情绪的高峰跨过去时，就会渐渐地回归理智。

3. 做孩子情绪复原的守护者

当孩子处于情绪冲动的情况时，父母为了表明自己守护在身旁是为了帮助他，而不是为难他，要一再向他解释你为什么要守在他身旁。父母表明得越真实可信，孩子越能信任父母。父母要轻言细语告诉孩子，在他不安、恐惧和愤怒时，自己一定会守在他身旁。尽管父母知道孩子现在没有任何危险，仍然要让孩子感到你爱他、理解他，所以不愿让他独自经受恐惧、不安及心灵的创伤。父母对孩子情绪复原充满信心，并说出自己靠近他、守护他的理由，当孩子完成了情绪宣泄后冷静下来，就会明白父母关爱他的用心，使他在感到温暖的时候心智恢复常态。

4. 孩子狂暴时父母要注意自身防护

孩子在恐惧、愤怒、绝望的情绪中挣扎时，父母不能指望他依然是个文明礼貌的孩子。成年人在情绪冲动时都很难保持优雅的举止，更不用说孩子了。孩子希望父母能明白他正在宣泄情绪负累，并非有意对父母无礼。当孩子处于狂暴状态时，父母仍然坚持对他的关注，他的狂暴状态还会持续一段时间，父母要保护自己不被孩子的过激行为弄伤。如果孩子动手打你，就用手挡住他的手臂，或弯下身子躲开，使他不致弄伤你。如果孩子要抓你的脸，你就得柔和而坚定地握住他的手，把他的手拿开，并告诉他说，"只要你还想伤我，我就不会放开你的手"。父母允许孩子猛烈地挣扎，就是允许他宣泄恐惧、愤怒和绝望。父母在孩子陷入狂暴状态时设法保护自己，会使孩子平静时不为自己的不当行为感到内疚。父母努力保护自己，是为孩子创造摆脱情绪困境的良好条件，而不会使他平复后因内疚落入另一种坏情绪的泥潭。

5. 父母倾听孩子时的情绪控制

只有父母的情绪平稳、态度温和，才能够很好地帮助孩子摆脱心理困境。当父母自己感到不安、恐惧、愤怒、绝望时，最好能诚实地对孩子说，"我们到此为止吧，我不能再听你说下去了"。父母让孩子保持很高的信任度十分重要，因此不能在连自己都面临严重的情绪问题时，还假装能够帮助孩子。值得注意的是，孩子一旦开始正视和处理情绪问题，就很难中途停止。如果父母不得不中断对孩子的帮助，孩子就需要一定的时间才能面对这样的现实。他会继续找出理由表现自己的不高兴、愤怒，盼望父母能再度帮他完成对心理负累的处理，因此父母要做出承诺，要在以后某个固定的时间倾听他并与他交流。

如果父母本身的情绪问题很严重就容易与孩子发生愤怒对愤怒、失望遇绝望的状况，那将使亲子关系变得十分糟糕，不仅无法继续倾听孩子，还会因为孩子的不当言辞辱没了父母而动怒，给孩子带来更严重的心理伤害。因此，父母倾听孩子时要避免发生"投射效应"。"投射效应"是指将自己的特点归因到其他人身上的心理倾向。也就是认为自己具有某种特性，他人也一定会有与自己相同的特性。这是把自己的感情、意志、特性投射到他人身上并强加于他人的一种认知障碍。父母只有认真倾听孩子、理解孩子，才不会随便发号施令。

走出倾听孩子的误区

对倾听孩子的意义和作用知之甚少的父母会发出这样的疑问：如果我倾听孩子哭闹、发脾气，他就能慢慢地自动回归常态吗？这好像不太可能。大多数父母觉得孩子的哭闹实在无法忍受，于是就立刻想办法制止。如果每次都得听下去，既浪费时间，生活也不得安宁，因为孩子的哭闹太频繁了。如果倾听成为一种纵容和放任，孩子还不得哭闹起来没完没了吗？身为父母怎么能让孩子如此任性下去。这样的困惑是大多数父母都有的。

儿童心理学家的研究表明，允许孩子顺其自然地哭闹、发脾气，开始的那几次对于父母来讲确实很难忍受。而且家里的所有人都不得不忍受因孩子哭闹而形成的混乱状态，不得不面对孩子那令人气恼的、毫无节制的情绪爆发。有的父母以为孩子的哭闹、愤怒是冲着父母来的，不把孩子哄好就是不称职。父母的这种想法是不正确的。而那些"不称职"父母持有的观点——"不怕孩子哭，哭一会儿就好了"，倒是一种较为正确的态度。但是持这种想法的父母是比较少的。大多数父母会把孩子的哭声当成"号角"，只要一哭马上冲过去哄，把能想到的招都用上。持这种做法的父母应调整自己内心固有的看法以及做法，学会以关爱之心去倾听孩子，学会担当倾听者的角色。还可以与其他父母做这方面的交流，彼此交换倾听哭闹、发脾气的孩子时产生的种种感觉，谈谈孩子磨蚀父母耐心和意志力的种种情景。父母在获得一定的经验后，就更能够以冷静的头脑、聪慧的心智振作精神，耐心倾听孩子。

善于倾听孩子又比较有经验的父母，知道哭闹、发脾气是孩子急于释放紧张情绪，能够静以待之。如果孩子已处于烦躁不安的状态，父母要做好准备在一天内应付孩子好几次激烈的情绪发泄。孩子经过几番折腾，发泄出积累已久的沮丧情绪，就会变得快乐、又有活力了。当然，由于孩子热心学习新的东西、尝试新事物，他还会遇到新的令他沮丧和不安的问题。但是，只要父母能耐心地听他发泄，他就不会因为情绪紧张而每一次都大哭大闹、乱发脾气。

小刚长到 5 岁时，进入了"讨人嫌"的时期。他经常坐立不安，执拗到对生活中的每件事都得按他的要求做，不许别人干涉，如果有人阻止他，他就大哭大闹，甚至愤怒地推搡大人，有时候还会拳打脚踢。小刚的妈妈学来倾听孩子的办法后，在他发脾气时，不是马上去阻止，而是靠近儿子，倾听他发脾气。只要他的行为不是特别过分，也尽量不去阻止他。最初的三四天里，小刚稍不如意就哭闹，但是妈妈坚持在他哭闹时爱抚他，微笑着看他，很快他就不那么"讨人嫌"了。

孩子只要在父母的关爱中，宣泄出内心积压的负面情绪，就完成了"个性转变"，让自己和别人都重新快乐轻松起来。如果父母竭力去阻止、压制，反而会使其负面情绪越积越多，心理负累得不到清除，孩子的个性会产生更大的偏离。要知道，孩子天生喜欢友好地与他人相处，喜欢相信自己、不嫌麻烦的父母，所以不会轻易地发脾气。只有当某一事物压倒了他的自信心，需要从挫折中恢复过来时，他们才会哭闹、发脾气，以使心情恢复到正常状态。

孩子在很小的时候，还不会去理性地思考问题，当然不知道挑合适的时间和地点发脾气。父母的倾听也不是万能的良药，几次就会促成一个孩子出现飞越性的转变。倾听孩子所取得的良好效果是在长期坚持下取得的。在孩子处于幼儿时期，父母就善于倾听他的喜怒哀乐，进入青春期时不容易因受挫折而信心崩溃，滑出正常成长的轨道。因为在少儿时期他们已得益于情绪宣泄，从中增强了自信心和自我控制能力。

父母运用倾听的办法培育孩子，可逐渐增长孩子应付挑战的能力。即便是遇到学习上的困难、环境的不利因素增加，仍然有坚定的信念，不气馁、不灰心，向着心中的既定目标努力。面对身边发生的不合理现象，也不会变得偏激，会主动坚持自己的人生观和价值观。

法国思想家伏尔泰说，"耳朵是通往心灵的道路"，这句话对父母倾听孩子、了解孩子显得尤其重要。父母能够做到满怀爱意地倾听孩子，及时消除他心中积郁的情绪负累，使其行为能力有所改变，父母就可以见到如同芝麻开花节节高似的成效——孩子的身心越来越健康，生活越来越快乐。

倾听时，父母要限制孩子的不当行为

孩子不仅仅用哭闹、发脾气来完成负面情绪宣泄，还可以通过做游戏、大笑驱散积在心里的负面情绪。父母允许孩子随意玩耍，他会觉得被父母、小伙伴所理解，心里高兴就会发出欢笑声。孩子的困扰、恐惧与胆怯也会随着笑声消失。父母与孩子共同进行一场充满欢笑的游戏，会给孩子带来希望，也可以促成彼此间相互亲近与理解的气氛。只要父母愿意，孩子可以连续一小时大笑或集中精力琢磨问题，获得更高级的情绪体验。

当孩子与父母一起做某项游戏，以笑声清除心理负担后，会寻求更深入的情绪宣泄。比如男孩和爸爸边扭打边笑时可能会进入"人来疯"的状态，做出故意伤害爸爸的行为，挥着小拳头打爸爸，或者是拿着玩具枪向爸爸砸去。此刻，孩子已处于精神亢奋状态，会突然伤害爸爸或毁坏玩具。这时就应该给他制定合理的行为限制。爸爸要用认真的语气让孩子知道，不允许他伤害自己或弄坏东西。对孩子说："宝贝，我不允许你打我""玩具坏了就不能玩了"。制止孩子的过分行为时，不必提高声调，更不能呵斥。

当孩子在与父母一起做游戏时，孩子做出了不当行为，父母往往指望孩子听话，停止胡闹。但是，孩子几乎永远会令父母失望，因为以他的行为能力的确没法做到父母所要求的。孩子在出现过分行为时，只是随性而为。这种状态中的孩子，非常有可能是在向父母表露烦恼，希望得到父母的帮助，所以要不停地挥手打，表示他此刻的心情有多么糟糕。如果父母以强硬的态度告诉他你不能这么做，然后采取合理的行动制止，孩子会让深藏在内心的烦恼浮出来，随着笑声、眼泪、汗水等表现而消散，渐渐开始正常思维。

帅帅与爸爸在家里的地板上扭打了好一会儿。突然，帅帅狠狠地踢了爸爸的肚子一下。爸爸用和蔼的口气说："帅帅，你好过分呀。"于是，他抓住了帅帅的一只脚："我可不想再挨踢了。"但是，帅帅又用另一只脚踢爸爸，爸爸又及时地握住了他的那只脚。帅帅边挣扎边大笑，爸爸终于放开了帅帅的脚，两人又笑着扭打起来。过了一会儿，帅帅的脸阴沉下来，又要踢爸爸，爸爸只好把他的脚夹在自己腿中间。这时帅帅有些气急败坏，低下头要咬爸爸的手。他的恼怒涌了上来，一点笑意也没有了。这时，爸爸依然与帅帅靠得很近，小心回避着儿子，既让他别咬到自己又保持态度温和。帅帅又几次挣扎着要踢爸爸，可是爸爸没有放开他的小脚。如果放开了，他有可能被儿子踢伤。爸爸说："宝贝，我要是放开你的脚，你就会使劲踢我的肚子，会把爸爸的肚子踢疼的。"然后又补充说"我不会弄伤你的，儿子。"发怒的帅帅顿时大哭起来，头上冒汗，全身发抖。帅帅通过这样的表现，把内心潜在的烦恼清除掉了，安全感回到了体内，很快心情放松了下来。

如果父母在与孩子做游戏时，孩子做出伤害你的行为，要明确地意识到，孩子是以伤害性的行为寻求父母的帮助。发生这种情况时，父母要限制孩子的行为。但是仍然不要离开孩子，帮助他清理藏在内心深处的烦恼和焦虑。如果孩子的行为非常过分，要马上停止游戏，做些别的事，如与孩子一起吃些东西或者看看动画片。如果父母觉得自己没有做好情绪上的准备，也可以暂时不理睬孩子的求助行为。但是孩子不会放弃向父母求助，会一再地寻求机会让父母帮助他丢掉情绪负累，父母不可以总是置之不理，一定要在适当的时候倾听孩子，帮他宣泄情绪。

父母弄懂"情感宣泄理论"有利于倾听孩子。如果情感得不到宣泄，会产生一系列身心问题。人在压抑、控制情感时，情感会从"意识层面"转移到"潜意识层面"，对身心的影响逐步加重，而这种情感也在一直找机会发泄。父母要明确地认识到，倾听孩子是在给孩子的情感发泄提供重要机会，抓住这个机会，孩子的情绪问题就会迎刃而解。

对孩子说"不"，也要做好善后倾听

对孩子说"不"时，大多数孩子会非常生气。如果父母边说边斥责，或者是打屁股、掐大腿，孩子就会感到父母不爱他，要遗弃他，平日里让他感到可亲、可信赖的父母变得十分陌生。其实父母在说"不"时，并不是不爱孩子、想伤害孩子。如果父母比较有修养，懂得教育艺术，就会在说"不"时对孩子温和些，并适当地给孩子以心理安慰。

父母以简单粗暴的方式对待孩子，会加重孩子心里的不良情绪，从而使孩子丧失良好的自我感知力、判断力以及行为控制能力。当孩子的举止显得不合时宜时，父母首先要倾听孩子、了解情况，观察他的变化，询问他有什么问题要解决。父母要尽量抑制自己的不快，以平和的态度关注孩子的感觉，而不是任由自己的情绪失控。如果孩子确实处于不理智状态，需要父母针对他的行为温和而坚决地说"不"，当然还要做好善后倾听。

当孩子不可理喻的时候，父母光动嘴是不行的，需要给出具体的指导和示范。由于表达能力有限，孩子不能准确地说出自己的想法，就会重复地做父母不让他做的事，期待父母来帮助自己，从而找到排遣负面情绪的渠道，让自己压抑已久的情绪负累一泄而出。这时，父母所说的"不"如同金钩钓鱼的那个钩，把烦恼、愁苦全部从体内引出，使他恢复快乐、合作的天性，以及处理问题的自信心和自主能力。为了达成这个目的，孩子必须向父母展示内心积压的所有不快。父母对孩子说"不"，正好一拍即合，为他开启了一扇大门，使其能通畅地宣泄所有不快，恢复正常思维能力和行为方式。

父母对孩子说"不"之后，倾听孩子的不快可以帮助他愈合心灵创伤，让孩子重新感受到父母的关爱和呵护。当父母靠近孩子，阻止他的非理性行为时，真心的关切能触动孩子的心灵。孩子开始会大哭大闹、乱发脾气，或者拼命挣脱。此时，父母要坚持靠近孩子并做出关爱的行为，如果孩子摔门而出，父母一定要跟着他，允许孩子继续表达和宣泄内心的情绪负累。父母可以说，"我爱你。我能理解你心中委屈""我可以和你一起承担你的烦恼"。

当孩子发泄的高峰过去，心情渐渐平静下来时，父母可以让孩子抬头看着自己，或一边温柔地抚住孩子的肩膀一边用温柔的目光看着他。如果孩子还有一些情绪未宣泄出去，这种目光接触会提醒他，可以尽情地宣泄，只要你心里感到舒服就可以哭泣、发怒，甚至莫名其妙地大笑。

孩子通过宣泄清除掉情绪负累后，会恢复正常思维、重获信心，对事物的认知能力有一个不小的提升。有时这种转变会让父母感到突然，并获得意外的惊喜。这时孩子能充分理解父母的关爱，尽量帮助父母做点事情，并细心地观察身边的事物，有时还会找个理由和父母一起嬉笑，但孩子不会提起刚刚过去的情绪风暴。孩子的心情会变得越发活泼可爱。父母不要试探地问孩子一些不着边际的问题，也不要对刚才他之所以大发雷霆做任何猜测，如果孩子主动说出原因，父母需耐心倾听。否则，会增加孩子的顾虑，妨碍他以后自由自在地宣泄负面情绪。

第二章

倾听孩子的情绪变化，细心"把脉问诊"

　　孩子的情绪变化是复杂的，有着较强的不确定性。正面情绪，如快乐、高兴，负面情绪，如焦虑、恐惧、抑郁等，相互间的转换非常快，由喜转忧、由阴转晴都是一瞬间的事。有的时候，一种情绪还掩盖着另一种情绪。父母倾听孩子，除了感受孩子表现出的情绪状况，还要了解其情绪变化的动因，适时帮助孩子完成情绪调节。儿童问题研究专家认为，孩子的情绪调节水平与问题行为之间存在着相关关系。孩子的情绪能够及时得到调节，问题行为出现的概率就较小。孩子若能经常具有快乐、高兴的情绪，有利于身心健康和学业进步。

从笑声里听出孩子对负面情绪的排解

　　孩子的笑声从哪里来？当一个母亲板着面孔对孩子大声呵斥时，孩子绝对不会发出笑声。当一个父亲愁眉苦脸地从外面迈进家门时，孩子也不敢发出笑声。孩子的心灵是敏感又脆弱的，他们会从父母的表情、行为的判断中决定自己做何种应对。但是有两种方式，能很容易地使孩子感到快乐，使他们开怀大笑，那就是父母扮演生活中的弱者，或饰演某种动物。比如父亲趴在地上，让孩子当成大马骑。"马背"上的孩子，会一边喊着"大马快跑""快点跑"，一边乐得前仰后翻。笑，从来都是重要的，不仅会让成年人在笑声中完成心灵的释放和内心不良情绪的排解，对孩子来说也有相同的效果。

　　在小区的草坪上妈妈带着5岁的女儿可可扔皮球。可可每扔出一个球，妈妈就夸赞一句："宝贝真棒"。女儿就越扔越起劲。一个球扔在妈妈的膝盖上，她腿一软就倒在了草地上，并做出惊讶和恐惧的样子。女儿开心地大笑不止。于是，可可每次球扔到妈妈的身上，她都假装摔倒，而女儿每次都开心地笑着，故意把球扔到妈妈的怀里、头上，让妈妈感到"害怕"和"迷惑不解"，她就笑得特别开心。

在女儿的笑声里，原先那个严肃的、经常要求她学这学那的妈妈，给她内心造成的紧张情绪逐渐消失了。当可可主导了这场扔球游戏，就不由自主地让游戏朝着有利于自己宣泄紧张情绪的方向发展。忽然妈妈听到了可可的命令："你要把球捡回来，擦干净了再给我。要不，我就把你锁在门外，不让你回家"。妈妈听了这句话愣了一下，但是马上说："我不能让你把我关在门外，我会把球擦干净了给你。"女儿听妈妈这么说又一次开心地大笑了起来。

妈妈认真分析了女儿这句看似无厘头的话。原来可可的哥哥经常对妹妹发号施令，而最后一句经常是"要不，我就把你锁在门外，不让你回家"。哥哥的这句话不仅让可可铭记在心，也成了她小小心灵中的"魔咒"，可可向妈妈说出这句话，正是负面情绪的宣泄，将哥哥在她心中形成的焦虑和恐惧排遣出去了。

可可的妈妈用示弱的行为让女儿开心大笑，让她把不快的情绪排解出来，但事情并没有到此为止，妈妈对可可的哥哥进行了说服劝导，告诉他不要欺负妹妹："作为哥哥，不能总说把妹妹关在门外的话，要与妹妹好好相处，做更多快乐又美好的事，如果你总是太强势，会使妹妹变得怯懦，没有主见。如果她长大了处处依赖你，那是很糟糕的事。"可可的哥哥比她大4岁，已经比较能听懂妈妈的话，从此再也不说要把妹妹关在门外的话了。

美国洛玛连达大学教授李·伯克认为，笑是缓解心理压力的一剂良药，有利于身心健康。为了评估笑对身体带来的益处，他曾让14位志愿者观看一段20分钟讲笑话的录像，检测他们在观看之前和观看之后的血压和胆固醇水平。结果发现，这些志愿者在一阵大笑之后，血压和胆固醇都有所降低。相比之下，观看悲伤的影片并不能达到这种效果。这个实验提示父母，不仅自己在生活中要笑口常开，也要给孩子带来更多的"笑点"，像可可的妈妈在玩球时假摔，或者像趴在地上让孩子骑大马的父亲那样，让孩子开心大笑，这对孩子的成长都是极为有利的。

父母如果能从笑声中听出孩子的隐忧，使他们走出心中的困境，那么笑就有了双重意义。比如心高气傲的孩子，看见伙伴们玩技出色或者是同学的学习成绩超过了自己，经常会发出有讽刺意味的微笑，随口抛出一句："他呀，也就是这点本事。"如果父母捕捉到自己的孩子经常以这种微笑对别人的成绩表示不屑一顾，就要及时给予纠正，让孩子以正确而客观的心态对待别人的长处。

孩子的笑里有玄机，笑里藏着需要父母认真解读的秘密，做到会识笑、能解笑，家庭中才会有更多的欢声笑语。

引发孩子大笑，实现行为习惯的改变

孩子笑口常开是积极快乐的心理状态的具体表现。让孩子在快乐中生活，在生活中体验快乐，是父母的最重要责任之一。如果父母让孩子感到家的天空上总有阴云，说明父母不懂得孩子成长的心理需求，是给孩子成长设下绊脚石的"坏父母"。

笑口常开的孩子，总有股蓬勃向上的劲头，对待学习和各种活动的态度也更加积极，即便是在做游戏的时候，也会让自己和伙伴都得到快乐。父母要充分认识到，为了让孩子高兴、笑口常开，需要营造良好的生活氛围，带孩子经常做些简单的娱乐活动，如扮马让孩子骑、追人、捉迷藏等。孩子笑得忘记了一切的时候，困窘、畏惧与胆怯会随着笑声消失。事实上，看起来奇怪离谱的笑，还会给孩子带来许多改变。

6 岁男孩希希曾经极不愿意学习汉语拼音，无论是在学校还是回到家中，让他读写拼音，他就一副垂头丧气的样子。他觉得自己因为拼音写得比别人差而被老师罚写五遍真是倒霉极了。但是，有一次他参加了一个学校组织的游戏活动，这一情况就发生了改变。

这个游戏是，三个父亲和他们的孩子一起做摔跤游戏。希希和伙伴们一边追着大人，一边随意地大喊大叫，他们有的拉，有的扯，有的跳到大人的身上，一起把大人摔倒。当几位父亲试图把孩子们摔倒时，他们就使劲地大笑。这种摔跤游戏要求孩子们有一定的奔跑速度和摔倒他人的力量，并做出一些出其不意的袭击，并且还要准备大胆地脱逃。希希在摔跤的过程中，经过长时间、不间断的扭打和大笑，心情完全放松了下来。他喘口气，喝口水，然后让爸爸跟着他走到黑板前，看他精神集中地写拼音。做过几次摔跤游戏后，希希精力集中的时间明显加长，也更有耐心听老师的讲解。希希的这种改变，让老师和家长感到非常吃惊，分析研究后得出结论：希希在大笑、喊叫中克服了焦虑感和恐惧，能够运用重新获得的自信去克服学习中的困难。

生物学家研究表明，笑能促使大脑产生一种名叫内啡肽的化学物质，它可起到轻度的麻醉和镇静作用，人的情绪也会随之变得更加明朗。

孩子在大笑的生理活动过程中，精神处于高度放松状态，身体各器官的生理功能得到加强，转而又会带动情绪进入新的稳定状态，使孩子感觉舒适愉快，更容易把精力集中在学习上。

父母为孩子创造出相互亲近与理解的气氛，孩子经过连续一小时或时间更久的大笑后，在特定环境中积郁的紧张情绪都会通过笑声散发掉，然后开始认真琢磨问题。父母不必清楚地知道孩子在笑声中清理了哪些情绪，孩子发生了积极变化，这个结果才是最重要的。

美国华盛顿大学专家，在系统地研究了年龄与智慧之间的关系后得出结论：爱笑的孩子长大后多数比较聪明。他们还发现，聪明的孩子对外界事物发笑的年龄比一般儿童早，笑的次数也更多。爱笑的孩子性格开朗，情绪乐观稳定，这非常有利于发展人际交往能力。又因为好奇心比较强，他们通常会主动学习更多的知识，乐于探索新的未知领域，从而有利于促进智力的快速发展。事实证明，笑不仅是开启孩子智力之门的一把"金钥匙"，也是一种极佳的体育锻炼方式，对促进孩子全身各个系统、各个器官均衡发展大有裨益。

父母要想孩子在笑声中有所改变，一是本身就要做乐观向上的人，时时处处都给孩子带来正能量；二是父母要懂得培育孩子的艺术，主动采取有趣的游戏方式，让孩子发出爽透心扉的大笑。父母让孩子在笑声中改变心智，远远好于呵斥、训导给孩子带来的效果。正所谓"快乐，是人生中最伟大的事业"，让孩子在笑声中变得聪明可爱，是父母最重要的事业，不仅不能放弃，还要做得好上加好。

有一项心理学法则，可以帮助父母懂得如何顺应孩子的心理需求。这项法则叫"南风法则"，来自法国作家拉封丹的一则寓言：北风与南风打赌，看谁能把行人的大衣脱掉。北风凛冽，可越刮行人把大衣裹得越紧；而南风却轻柔温暖，使行人自动地把大衣脱下。南风之所以能达到目的，就是因为它顺应了人的内心需要，使人的行为变得自觉。快乐是每个孩子的内心需要，用快乐使孩子发生改变，比用使其痛苦的方法更奏效。

用"示弱"让孩子大笑，驱除恐惧心理

恐惧心理是指孩子在成长发育过程中，会对某些事物感到恐惧，如怕黑暗、怕水、怕陌生人，甚至对某些简单的事物也会产生恐惧。恐惧心理对孩子的身心健康会产生程度不同的影响。轻度的恐惧心理会随着孩子年龄的增长自然消失。中度的恐惧会成为孩子的生活障碍，尤其在幼儿时期会留下心理阴影。重度的恐惧则会导致孩子做噩梦、失眠、发烧，甚至休克，影响到其正常的身体发育。

如果孩子的恐惧心理很严重，父母可以用逗他发笑来帮助他消除恐惧。在孩子大笑时可以释放出因恐惧所引发的紧张情绪。如果在孩子感到安全时，父母能装出自己也害怕他所怕的事物的样子，孩子就会大笑起来。当父母用笨拙可笑的动作表现恐惧时，孩子会开心地大笑不止，甚至可能会以强者的姿态进入到活动之中，对大人说："我能告诉你怎么办，你得听我的。"这种时候大人假装因恐惧束手无策，孩子反而变得胆大有为了。随着孩子发出欢快的笑声，其紧张情绪渐渐消除，内心获得了应对恐惧的力量。

女孩咪咪很害怕电话铃声，只要家中的电话铃一响，她就会紧张地哆嗦起来。对电话胆怯的咪咪更不敢拿起话筒给小伙伴打电话，每当她要约小伙伴出去玩时，都睁着可怜巴巴的大眼睛央求妈

妈替她打电话。妈妈想，总得找个办法让咪咪不害怕电话，想找小伙伴时能自己打电话。

这天妈妈忙完了家务，见咪咪正在抱着娃娃玩，她把听筒拿起来，用夸张的、犹豫不决的语气说："我要给你李阿姨打电话，可是电话怎么有些不好用了呢。"她开始拨电话号码，可又惊慌地扔下了话筒，说"这个电话，我不打了"。这时，咪咪开始感到好奇和有趣，但是没有笑，于是妈妈又拿起话筒说："哎，我该怎么办呢？电话总是拨不通。"她又开始拨号码，然后大叫一声甩掉话筒，好像它是个烫手的水杯似的。

咪咪见妈妈这副样子，终于开心地大笑起来，笑得停不下来。过了好一会儿，咪咪终于停止了笑，她拿起话筒说："妈妈，我帮你拨号。快过来。"最后，母女两个拨通了李阿姨的电话号码，妈妈与她交谈了几句，等她挂断电话时，咪咪非常开心地笑了。

后来咪咪的妈妈又与她重复了两次打电话的过程，还尽量多做一些引她发笑的动作，设法逗她发笑。重复了三次之后，咪咪就不再害怕电话铃声，而且还能自己打电话了。

大笑可以帮助年幼的孩子驱除恐惧心理，增强自信心。在孩子与父母互动的过程中，父母表现得愚笨、胆小、糊里糊涂的时候，他们就会大笑不止。在这个过程中孩子有机会去体验做强者的滋味，并能宣泄出以成人为主导的世界带给他们的焦虑和恐惧。

父母示弱或让孩子发泄一下，就是给孩子机会展示并处理藏在心灵深处的恐惧。比如父亲抱着孩子做荡悠悠的游戏。当父亲轻缓地荡了几下把他丢在地上，并做出想逃开的样子时，孩子会开心地大笑。刚刚在孩子落地时，他的膝盖在有地毯的地板上磕了一下，但磕得并不重。孩子却会用痛苦和埋怨的眼神盯着父亲，然后躺在地板上一动不动。当父亲过去轻轻地扶起他，哄着他让他望着自己时，他就开始尖叫、踹腿，就好像父亲要伤害他似的。他是在借助从父亲刚才做的游戏中获得的安全感去处理心灵深处的恐惧。这种由大笑马上转为恐惧的样态，会使父亲困惑不解，所以父亲希望游戏在此打住。其实这是不对的，正确的做法是耐心等待孩子的情绪由喜转忧，再复原。

孩子总是十分迫切地希望摆脱恐惧感，当父母能同他们做某项游戏时，他们会敏锐地抓住这个重要时机。因此，当孩子在游戏中做出某种反击的行为时，不要认为孩子有暴力倾向，强加阻止，而要考虑到这是其排除恐惧的有益行为。

运用心理学上的"喜好效应"，能更大程度地得到孩子的认同。喜好效应是指，人们总是能够接受自己喜欢或者与自己相似的人提出的要求或者建议。父母在倾听孩子时，把自己扮演成与其相类似的人，更容易与孩子拉近关系，实现无障碍交流，达到使孩子改变原有的认知、不当行为的目的。

耐心听孩子哭泣，等待心灵创伤自动恢复

心理学家认为，孩子哭泣是愈合心灵创伤的必要过程。孩子哭是为了排除曾经因某件事所受到的伤害。有父母在身边，孩子会感到在自己最困难的时候得到了父母的关心，有人与他共渡难关。当孩子通过哭泣排除了内心的烦恼时，他就又可以精神焕发地去做自己喜欢的事情了。这时候仿佛孩子溜走的信心、希望和智慧又回来

了。因此，父母倾听孩子的哭泣，能使他从困境中受益，使他因某件事所经历的心灵创伤得以恢复。

丹丹的哥哥整个上午都不肯和她玩。她跑来向妈妈要一块蛋糕。妈妈给了她，她却哭了起来。因为妈妈给了她一块圆形的蛋糕，可丹丹想要四方形的。妈妈并不知道女儿为什么哭，只好蹲下来，用胳膊搂着她，仔细地听她哭。丹丹拿着蛋糕哭了好长时间。蛋糕不是四方形的在丹丹看来真是太糟糕了——哥哥整个上午都在做飞机模型，只要她一靠近，就对她说："你一边待着去，别在我这里捣乱。"这已经够她心里委屈的了。蛋糕形状的不如意成了压垮她小小心灵的最后一根稻草。丹丹并不是一个矫情的小女孩，要知道几乎所有的孩子都会在产生不快情绪时，用哭泣这种方式求助。

看似很小的事情，却惹孩子大哭起来，这经常让父母恼火。除非父母能意识到小事背后隐藏着的让孩子不快的另一动因，否则父母就会变得非常不耐烦，不仅不能认真倾听孩子的哭泣，还会大声呵斥孩子。这对于孩子而言，就是发生了更大的不幸事件，更谈不上旧有的创伤恢复了。如果事情到了这个地步，对于孩子来说是旧痛未好又添新痛，其结果就是孩子整个人都会陷于悲伤的情绪里不能自拔。

有些时候，孩子在为了一件小事大哭一场之后，能够告诉父母她哭的真正原因："妈，刚才你不在家的时候我看了一个电视剧，剧里的小狗狗生病死了"或者"爸，我要你像爱弟弟一样爱我"。还有些时候，孩子可能哭完就跑出去找小伙伴玩耍去了，什么也不说。父母苦苦地想要知道孩子究竟为何如此伤心，但孩子有时候想说却又说不出自己的感觉。但是，无论处于哪种情况，父母都要做到认真倾听孩子哭泣，并做出爱抚的举动。让孩子感觉到父母就在身边，而且很理解他的"不幸"，孩子就能完成心灵的康复过程。尽管父母对孩子哭泣的原因并不清楚。

通常情况下，孩子大哭不止，会让父母觉得自己无能。每个家庭都有这样的情形：妈妈在以相当好的心情料理家务、准备晚餐。孩子已经饿了，打开冰箱却没有找到自己所要的牛奶，于是就大哭起来了。妈妈立刻失去了好心情，想止住孩子的哭声，尽力去哄他，对他说饭前喝牛奶是不对的，说服他同意吃点别的东西。可是这样做了之后，孩子还是没头没脑地哭，于是妈妈彻底失去了耐心，就开始责备或训斥孩子。妈妈以为只要孩子不哭麻烦就会过去了，但是情况并非如此，即便是孩子不哭了，安静下来了，可他仍然不高兴。他会低着头不看任何人，或无端地发脾气。比如摔坏电动水枪、撕坏自己的作业本，这就更导致他长时间情绪低落。经过这样一个过程的孩子再也打不起精神来，也不再信任妈妈了。当孩子对一切都不满意时，父母也为此感到气恼，整个家庭都会处于不快的情绪氛围里。

在孩子开始哭时，调整孩子情绪的最好办法，就是不打断他的哭泣，让他尽情地哭个够，他的烦恼随着哭泣逐渐消散，哭泣也会自然停止。父母给孩子机会自己排除因心灵受伤而产生的焦虑，他会变得更坚强和自信。因此，父母的倾听是一种有效的手段，通过这种方式把孩子的烦恼转化为他们获得自信的机会，是父母与孩子相处的一种技巧，而掌握了这种技巧，更有利于孩子的身心健康。

听幼儿哭泣时，要配以爱抚的肢体语言

孩子哭泣时，妈妈用手搂抱他或用爱抚的目光看着他，能给孩子最有力的支持。在用手搂着孩子时，要将自己的头处于较低的位置，让孩子能望到妈妈的眼睛。不要让孩子趴在自己肩头上哭，或让他一直把头埋在你的膝头上。要温和地鼓励他抬头望着自己，感受到妈妈爱抚的眼神。如果孩子能注意到妈妈充满爱抚的目光，可能会哭得更厉害，根本不看妈妈的眼睛，那也没关系。正在大哭的孩子会将全部的注意力放在自己的坏情绪上，在通过哭泣把坏情绪清理干净后，才能理会妈妈的关爱。足够的哭泣和妈妈的耐心倾听最终会使孩子放松下来。

孩子哭泣时，不良情绪会随之逐渐地排遣出去，这时能敏锐地感受到妈妈的肢体语言给他带来的安全感。妈妈用手轻抚他的面颊、把他搂在怀里轻摇、不时地轻吻他的小手，都会把关切直接送入他的心里，这种情态下妈妈的话语几乎是多余的。开始时，孩子对妈妈的爱抚可能没有什么反应，但妈妈看到孩子的心情越来越放松，就表明他已经接受了妈妈所给予的真心关爱。

孩子在感到委屈时通常会放声大哭。委屈越深，越不容易开口说话。妈妈表示想要了解他的烦恼，耐心地听他说出自己心里的委屈。但是，孩子仍然会大哭不止，好久也说不出一句话。这时妈妈要能凭借孩子的表情、哭泣的声调、蒙眬的眼神大致推断出孩子的烦恼所在。所以，妈妈要保持观察的敏锐，无论孩子能否开口

说话。

3 岁男孩小明，非常害怕爸爸或妈妈出差。一次，小明的妈妈出差去了。爸爸送他去幼儿园时，他特别焦躁不安，爸爸费了好大劲儿才把他送了进去。晚上接他时，幼儿园阿姨说，小明一整天都闷闷不乐，不与小朋友说话，还发脾气摔玩具。晚上回到家，小明对爸爸做的每一件事都不满意。爸爸走到他身边，说："来，跟爸爸说一说有什么让你今天不高兴呀？"小明扑到爸爸的怀里大哭起来。他什么也没说，但很明显，他正遭受着极大的不安和恐惧。爸爸猜他想念妈妈了，就不时地安慰说妈妈很快就会回来。后来，小明停住了哭声，但并未平静下来。爸爸问她："小明，什么事让你这么害怕？"一直没开口的小明这时看着爸爸有板有眼地说："咱们送给奶奶的那只狗狗也有妈妈，可它的妈妈就没回来！"两星期前，爸爸和小明在一只垃圾箱里拣到一只刚出生不久的小狗，把它送到奶奶家去了。现在爸爸总算明白了，为什么妈妈不在家会引起小明这么严重的不安——因为他在想着："狗狗的遭遇会不会也发生在自己身上？"于是，爸爸就对小明说："父母和孩子总是亲密地生活在一起，而狗妈妈和小狗不与人一样，它们很小就与父母分开生活。"小明信了，合上了眼，一觉睡到了大天亮。第二天，他就又成了一个无忧无虑的快乐小男孩。

小明用大哭排遣了自己的恐惧，心情放松下来后，能够安静说话了，才说出了让自己感到恐惧的原因。哭在前，说在后，通过与爸爸的交流产生了新的认知，这个过程遵循的是幼儿认识事物的一般规律。

如果父母发现孩子害怕某个特定的事物，一定要用肢体语言保证他是安全的。当孩子感到非常恐惧时，这种保证可以提醒他"这会儿是安全的"。这时父母不要认为自己的行为会止住孩子的哭泣，但是孩子在通过宣泄重新获得安全感的过程中，的确需要父母用肢体语言提供这种安抚式的保证。

既然父母在孩子身边倾听他的哭泣，孩子就会寻求父母的帮助。父母急急地说出自己的忠告，或表现出不安的情绪，只会妨碍孩子理解所发生的事。如果孩子哭是因为奔跑时摔倒了，如果伤得很轻，父母只需搂抱着孩子听他哭。不要责备孩子不小心，也不要告诫他要当心路面有石块。孩子哭的时候，注意力完全集中在自己的感受和父母的存在方面，对身边的事物及父母所说的话完全不在意。等到孩子用哭泣彻底排遣了恐惧，在父母身边重新获得安全感和自信心之后，会急切地想知道刚才到底是怎么回事，这时只要告诉他"你刚才摔倒的地方有石块"就足够了。

孩子通过畅快的哭泣已经扫去由于意外的摔倒所感到的紧张与恐惧，他现在能自信地回答："噢，我是在有石块的地方摔倒的。爸爸，下次我会看着点绕开石块。"这时大人来到孩子身边，用手臂轻轻地搂住他，用爱抚的目光注视他，仔细倾听他大哭，再一步步走向交流，孩子就完成了新的认知。

父母想通过倾听解决孩子的情绪问题，一定要学会运用"心理暗示定律"。"心理暗示定律"是指，人或环境以非常自然的方式发出信息，当一些人在无意中接受了这些信息后，就会出现相应反应的心理学现象。父母在倾听孩子时，要注意观察孩子情绪变化是因为得到了积极的暗示，还是消极的暗示。如果是消极的暗示，要马上用爱抚帮助孩子把这种暗示的影响消除。

把哭泣的孩子挡在门外，告之强者必自强

什么样的人是强者？能战胜别人且首先战胜自己的人便是强者。强者不是天生的，是在经历困境和挫折过程中练成的。法国小说家大仲马说，"人生就是不断遭受挫折与追求希望"。当孩子长到一定年龄以后面对挫折时，如果表现得悲观、被动、失去自我，就可能沉溺在痛苦中不能自拔，从此一蹶不振。这时，父母就不能用简单的倾听来使孩子解决情绪问题了，而是要在倾听后想办法让孩子变得坚强、主动、满怀信心。这样孩子便可抓住机遇，变不利为有利，积累经验与教训。倾听不是万能的良药，当不能用倾听解决孩子因外界频繁刺激引起的情绪问题时，父母要给出新办法。

人在重大挫折面前都需要有很强的心理承受能力，孩子在心智尚不成熟期，遇到一些困难时很容易悲观失望，非常需要父母强有力的支持。有时候甚至需要狠下心来，把孩子推到生活的风雨中，经受考验与磨炼。

美国前国务卿希拉里在很小时，举家搬到芝加哥。她来到新环境后，想结交几个小玩伴，但却没有人喜欢与她玩，那些小孩还经常嘲笑她、欺负她。小希拉里每次出去都哭着鼻子跑回来，她的妈妈也总是左劝右哄，告诉她要与大家主动交流、友好相处，并强调说，"当别人欺负你时要奋起反抗"。但是，妈妈的话并没有产生作用，也没有改变小希拉里与伙伴们相处时的尴尬。

有一天，小希拉里又是一边哭喊着一边往家跑："妈妈，他们

又欺负我了，呜……呜……"妈妈听到女儿的哭声，心就一阵阵地揪紧了，但是，这次她不打算只用倾听或安慰对待女儿了。在小希拉里来到家门口时，母亲站在门口用身子挡住了她，大声说："回去！勇敢地面对他们，我们家里容不得胆小鬼。"小希拉里听了妈妈的话立刻停止了哭泣，在门口愣了片刻后，硬着头皮回到孩子们中间。小希拉里从妈妈的喊声中获得了勇气，伙伴们见这个被欺负的女孩子又回来了，不仅大吃一惊，也增加了几分敬佩。就这样，小希拉里用自己的勇气赢得了新朋友的认可。

后来希拉里的母亲说："当时，我也为激励女儿出去应对伙伴感到十分担心。当她走出家门后，我就躲在餐厅窗帘后看着她到底会怎么样，只见她昂首挺胸，跑着跨过街道，我的心情才放松下来。"这天晚上，当小希拉里带着笑容回到家里时告诉母亲："我可以跟男孩子玩了，大家都变成我的朋友了。"妈妈露出了欣慰的笑容。

希拉里在以后的人生岁月里每当遇到困难与挫折时，她都会想起妈妈的话："回去！勇敢地面对他们，我们家里容不得胆小鬼。"这句话激励她鼓足信心和勇气去迎接挑战。

在一次民主党辩论会上，有人问希拉里，一生中是哪个决定性的时刻让她走上竞选总统之路？她说："从更个人化的方面来讲，我把它归功于我的母亲。母亲的童年非常艰难，没有机会上大学，但她给了我一种信念，那就是下定决心就能做到任何事。"

德国哲学家康德说："人只有靠教育才能成人，人完全是教育的结果。"我们中国也有一句古老的名言，叫"子不教，父之过"。家长的话，如果孩子听进去了并因此改变了行为方式，就会受益一生。强者不是宠出来的，也不是惯出来的，是在历练中成熟，在竞争中造就出来的。

倘若希拉里的妈妈，因为她的软弱地哭闹而妥协，那么就有可能没有后来的希拉里。因为一个人养成了退缩的习惯，就不能勇敢地面对人生中的困境。孩子是一个独立的人，是人就必须有自己的思考、自己的勇气和自强的信心，父母不能永远庇护在孩子的左右，在倾听孩子恐惧的哭诉时，要加以正确地引导，激发孩子内心的力量，让他有勇气、有信心面对人生路上遇到的种种困难，当他有了战胜困难的经验之后，就会变得更加自信、更加坚强，最终成为人生路上的强者，这才是身为父母需要尽到的责任。

孩子拭泪而言时，更易置入理想信念

哭泣是情绪积累到一定程度时的自然表达，是涉及人际关系的社会性行为。哭泣会使人心情放松，孩子因感动而哭泣时，比较容易接收正能量。研究表明，与成年人相比，孩子的哭泣行为更为常见。因为孩子的神经更加敏锐，对外界信息的感受力更强。如果孩子因为一个故事、一件暖心的事感动得哭了起来，这个故事或事件会让他一生难忘。苏轼的母亲程氏，在他还是小孩子的时候，就用读故事的方式为他做启蒙教育，铸就了他刚直不阿的性格。

有一副流传千古的对联："一门父子三词客，千古文章四大家。"联中所说的"三词客"是指苏洵和他的两个儿子——苏轼、苏辙。"四大家"则是指韩愈、柳宗元、欧阳修、苏轼四个人。从这副对联中，可以看出苏家在中国文学史上的重要地位。

苏洵的妻子程氏知书达理，很有文学修养，她不仅教两个儿子读书断句，而且非常重视他们的德育。有一次，程氏给大儿子苏轼读《后汉书·范滂传》，程氏绘声绘色地读着，苏轼聚精会神地听着，母子两人完全沉浸在范氏母子不畏强暴、视死如归的故事中。

　　"范滂是东汉灵帝时代以节操闻名、富有正义感的官员，因整顿吏治、抑制豪强，得罪了宦官，被陷害入狱。他的老母亲带着范滂的儿子一块儿来探监，范滂安慰母亲说：'仲博弟弟很孝顺，会好好侍候您老人家，我要跟从九泉下的父亲去了。我们母子天地一方，希望母亲不要过分悲伤。'范母也是个深明大义的人，在生死关头，她鼓励儿子说：'我理解你的行为，你能与李膺、杜密这些以正直著称的贤臣齐名，死又有什么值得遗憾的！'范滂听了母亲的话，恭敬地给母亲跪下，叩头作别。"

　　听母亲读到这里，年仅10岁的苏轼眼里含着泪花说："我长大后就要和范滂一样，不惜舍生取义，母亲会允许我这样做吗？"程氏听了儿子的话，两眼盯着他看了很久，认真地回答说："如果你能像范滂那样坚持正义，我怎么能不像范母一样支持你呢？"母子俩这样一问一答，奠定了苏轼以后做正直、大义之人的基调。

　　苏轼长大成人后，一直坚持独立的政治思想。他处于王安石的"新党"与司马光的"旧党"之间，可谓夹缝中生存，备受磨难。然而他矢志不移。特别在王安石改革派失败后，以司马光为首的旧党复辟时，要撤销连他们自己都曾经认为在当时是最好的"免役法"，苏轼慷慨陈词奋力阻击，不料惹得司马光大怒。苏轼面对重权在握的司马光毫不示弱，质问他说："从前常听你称赞某人犯颜直谏，某人据理力争，今天你刚当宰相，就不准别人开口，这是何道理？"听了这话，司马光立刻深思起来。苏轼这种坚持真理的性格便是母亲读《后汉书·范滂传》时就已铸就了。

苏轼的母亲去世时，司马光写了墓志铭，其言曰："贫不以污其夫之名，富不以为其子之累，知力学问可以显其门，而直道可以荣于世。勉夫教子，底于光大，寿不充德，福宜施于后嗣。"

古语说，"才大者，望自大"，意思是说人的名望一定是跟一个人的才华、学问、德行成正比，才华大、品行高尚的人，当然名望就大了。但是他人所佩服的并不是他的名望，或者是他说得怎么好，而是看他有没有真才实学，在做事情时能不能保持好的品行。

父母对待知识、是非曲直的态度，通常也会成为孩子的标杆。而这种于无形之中立下标杆的效果就是在交流、感受中产生的，信念也是在交流中植入的。著名教育家陶行知说："生活即教育。"家庭生活中，父母的言行举止、生活方式等都是孩子成长的教科书。

如果家长是一个积极向上的人，孩子就不会受到负面情绪的影响，他就会具有阳光心态，做事情能全身心地投入。如果家长尊重知识，即便本身没有高深的学问，孩子受其影响也会热爱学习、喜欢钻研。相反，如果家长持这样的观点，"学习好坏无所谓，看某某大学毕业照样找不到工作"，那么他的孩子就成不了好学上进的人。所以，每个有责任心的家长，为了你的孩子能成才、成大才，就要倾听孩子的想法，巧妙地植入理想信念，给孩子以正面影响，而非负面影响。

父母要学会运用"期望定律"，寄孩子以美好的希望。"期望定律"是指，当人们对某些人或事物寄予积极的期望时，这些被期望的人或事物就会朝着所期望的方向发展。父母在倾听孩子、与孩子的沟通中寄以美好的期望，当这种期望深入孩子的内心时，他就会向着父母所期望的方向努力。

孩子张口要东西时，不同的应对方式结果不同

每个人在小时候都曾深深地体验过父母对自己的爱，也会牢记着父母对自己的忽视和不解。有的孩子长大后性情开朗、心态阳光，有的孩子大后性格内向、心态阴暗，分析形成巨大性格反差的原因，无不与父母对自己关爱的程度和方式有关。能够听懂孩子需求的父母，即便是不能满足他，也可以通过关爱的行为，给孩子上进的力量。不能认真倾听孩子的需求，激言拒绝孩子的父母，会不经意间给孩子造成心灵创伤。

有个女孩子生长在经济条件稍差的家庭，11 岁那年，有很多同学穿上了流行的红格子裙子。放学回家时她对妈妈说："妈妈，你给我买一条新裙子吧。"因为小孩子说话往往没有很强的逻辑性，只会挑自己认为最重要的话先说出来。正在忙着做晚饭的妈妈，停止切菜，大声说："不行。现在能吃上饭就不错了，没钱给你买新裙子。"女孩子听了妈妈严厉拒绝的话，情绪一落千丈，自己跑到外面蹲在墙角哭了很久。其实在小孩子心里，经济条件意识不是很强，你、我、他在一起学习、玩耍，并不受其他客观因素影响。妈妈的话让这个小女孩认识到自己与有红格子裙子的同学们是不同的，她们有的，自己不能有，她们的家庭是富有的，自己的家庭是贫穷的。她从此变得自卑、孤独，郁郁寡欢。

在孩子提要求时，父母要知道这是为什么。在拒绝孩子的要求时，要进行心理安慰。如果这个妈妈能耐心地听听女儿的话，问一

问她为什么要买新裙子，让她把理由讲清楚，然后以非常平和的语气为女儿解释为什么不能买这个裙子。比如，妈妈可以说"家里现在钱比较紧，等有钱了就给你买"，或者说，"这样流行的裙子过时了就不好看了，妈妈以后给你买质量、样式更好看的裙子"。让孩子感受到妈妈虽然现在不能给她买红格裙子，但是妈妈是爱自己的，是理解自己的，就不会让她受到心灵上的伤害了。

在浙江富阳，有个非常让人敬重的母亲，她就是郁达夫的母亲陆氏。陆氏没有上过学，但是她能够理解郁达夫的心理需求，竭尽全力为儿子着想，使少年郁达夫从母亲那里获得了奋进的力量。

郁达夫12岁那年，考进了县立高小，新学期开学不久，他对母亲说："娘，我想买一双皮鞋。"母亲陆氏问他："为什么要买皮鞋？"郁达夫说："学校发了黑色的制服，很多同学都配上一双闪亮的黑皮鞋，走起路来神气十足。"郁达夫3岁时父亲就去世了，靠母亲一人的劳作维持家里的生活。平时，郁达夫总是穿着母亲做的布鞋，这在同学当中就显得有些土气。母亲听了儿子的话没有说什么，起身走出家门，她打算到鞋店给儿子赊一双皮鞋。但是走了几家鞋店都没有赊成。母亲回到家里后，把衣柜里的几件像样的衣服挑出来，用布包好，准备拿出去当了，用换来的钱去买儿子喜欢的皮鞋。母亲的这一举动使郁达夫非常难过，他内疚、后悔，恨自己不懂事，再也忍不住的泪水夺眶而出，他抢过母亲手里的衣服包，哽咽着说："娘，你不要去当衣服，我不要皮鞋了。就是你买回来我也不穿。"这件事对郁达夫的触动很大，从此以后他更加发奋读书，即便是在工作以后，也几乎没有穿过皮鞋。

人们常说态度决定一切，在面对孩子的需求时，想买红格裙子女孩的母亲，没有耐心倾听孩子的话，更没有弄明白女儿要买新裙子是出于怎样的心理需求，以简单粗暴的方式拒绝了孩子，使"红格子裙"给女孩留下了一生的心理阴影；而郁达夫的母亲不仅理解儿子的心理需求，还尽力去满足这种需求，用行动激发儿子的进取心。

孩子的要求有合理、不合理两种。女孩和郁达夫的要求在今天看来都是合理要求。但是，在生活条件困难的时期，女孩的母亲认为女儿要买红裙格子的要求是不合理要求，所以一言拒绝。在一般人看来母亲拒绝的话没有说错。但是认真分析，就有方法上的错误。父母在拒绝孩子的不合理要求时，一定要掌握好说话的分寸，要站在孩子的角度想问题，不能使孩子的心灵受到伤害。郁达夫的母亲认为儿子要买皮鞋的要求是合理的，也在用行动尽量满足他。虽然结果是女孩和郁达夫都没有得到自己所要的，但是在两个孩子的心里唤起的意识觉醒是完全不同的，一个是消极的，一个是积极的。这一反一正的后果，值得身为父母者认真思考，并从中领悟教育方法的重要性。

孩子"显摆"时，听出他的自负心

人的自负心理来自盲目的自我欣赏，也就是过高地估计自己的实际能力。当小孩子在某个方面取得了一些成绩，或者是学习能力超过了同伴就会产生自负心理。自负心理有一定的正面意义，在适当的范围内，孩子的自负可以激发斗志，帮助他们树立必胜的信心，坚定战胜困难的信念，在遇到困难时保持勇往直前的拼劲。但是，脱离实际的过度自负，会在经历失败的打击后一蹶不振，严重者还会变得自暴自弃，一事无成。

在现实生活中经常出现这种情况：小时候看上去又精又灵的人，长大后并没有取得多大的成就；而那些小时候看起来有点笨、有点憨的人，长大后却成了佼佼者。造成这种落差的原因就在于，看上去很聪明的人因为处处得宠，变得骄傲自满，不能脚踏实地学习真本领，变成了人们常说的那种"浮精"的孩子；而那些知道自己不是很聪明，但是肯于用功的孩子却练就了自己的钻研精神，能在所从事的领域出类拔萃。

有些聪明孩子的父母，往往高估自己孩子的能力，见人就说："我家孩子是最聪明的，将来能考上名牌大学。"说这话时家长一般都是满脸的喜气和自豪。但是，家长过高地估计孩子的智商和能力，无形中让孩子过高地看待自己的小聪明，变得内心浮躁。其不知人上有人，天外有天，可能稍一放松，就被别人赶超了。父母要记住，在学业上只有"功夫到"才能"滞塞通"，引导孩子低下头来，刻苦、用功才能不断取得学业上的进步。

国学大师钱穆小时候记字非常快，靠自己的悟性凭字形就能识字。父亲钱承沛见他对看书识字的兴趣越来越浓，就给以耐心指导，使他进步更快。不久，钱穆成了远近闻名的神童。

有一天晚上家里来了几位客人，有一位看着钱穆问："听说你能背诵三国演义，是真的吗？"钱穆点了点头。另一位客人说："那么今天晚上就考考你。"钱穆高兴地答道："可以。"于是客人让他一边背诵一边表演。先挑一段诸葛亮的，再挑张昭等人的。挑的几处，钱穆不仅倒背如流，还进行了声情并茂的表演。客人们向钱承沛称赞他的儿子聪明好学，钱穆也一脸的得意之色，但是父亲脸色阴沉下来，一句话也没说。

第二天，钱承沛就带着儿子外出，在走过一架小桥时，钱承沛问儿子："你认识'桥'字不？"钱穆点头说："认识。"父亲接着问道："'桥'字是什么旁？"他答说："'木'字旁"。父亲又问："如果用'木'字旁换'马'字旁，你还认得不？"他答："也认得。是'骄'字。"父亲再次问道："'骄'字是什么意思，你知道吗？"他答说："知道。"听了儿子的回答后，钱承沛拉着儿子的手轻声问道："你昨天晚上的情形是否与'骄'字相似呢？"钱穆听了这话，犹如耳边响了一声大雷，愣怔了好一会儿，一路上都沉默不语。但是，父亲的话，让他从云端落到了地上，懂得了学无止境的道理。从此以后，再也不因显摆自己出众的学识而扬扬自得，一直踏踏实实地学习，终成一代国学大师。

如果一个人能把自负坚持到成就一项大事业，那么这种自负就转变成了坚定的自信心。如果一个人将自负转化成为自卑，那么就会因为心灵扭曲而一事无成。事实上，前一种情况几乎没有，常见的却是过度自负的孩子清高自傲、自我夸耀，只关心个人的需要、强调自己的感受，而忽视他人的表现。这样的孩子一旦经受失败和挫折，较强的自尊心与失败后的现实发生冲突就会心理失衡，如果长期得不到解决，就会导致自尊心丧失，变成一个彻底的自卑者。

父母在孩子因为有过人之处扬扬自得时，切不可也跟着变得飘飘然，认为自己的孩子非常了不起。这样就如同给孩子的自负心打了"鸡血"，让他变得更加无视他人的存在。父母要学做钱穆父亲那样的智者，及时发现孩子的问题，给出告诫和指引。父母在帮助孩子克服自负心时，要注重两个方面：第一，正确评价自己与他人，不要拿自己的长处与别人的短处比。要经常自省不足之处，不要一叶障目，要把自己放入集体里、伙伴中去观察，承认自己的独特性，同时也要意识到自己不如人的地方，弥补自己的不足和短处。第二，用发展变化的观点看待自己的过人之处，为过去感到荣耀的同时，也要把握当下，对未来充满信心。再了不起的过去都不能代表现在，更不意味着可以枕着过去的成绩睡大觉，成功之路任重道远。正所谓"为学如撑水上船，一篙不可须臾缓"，更好的成绩还要靠自己持续的努力和拼搏。

父母在激励孩子时要学会利用"跨栏定律"。心理学上的跨栏定律是指，一个人的成就大小往往取决于他所遇到的困难的程度。竖在他面前的"栏"越高，他跳得也越高。孩子一旦有骄傲自满的情绪，势必会失去上进心，跨不过前面更高的"栏"，这样就会在竞争中被他人甩在后面。保持谦虚的情怀，才能跨过学业上的一个个高栏，成为同伴中的佼佼者。

第三章

倾听孩子的愤怒，给出释放情绪的心理空间

忍受孩子的愤怒，承接他急风暴雨似的情绪发泄，考验着父母的耐力和教育智慧。一方面要听出孩子愤怒的原因，做出事与非的判断；另一方面要等待孩子进入情绪平缓期，以便进行有效的沟通。孩子发脾气时，父母的心分分秒秒都在紧缩着、纠结着，要将意志力把持拿捏好，把自身的情绪控制掌握好，何其难也？但是，懂得倾听艺术的父母，一定不会操起最错的办法——用怒火砸向孩子，而是用关爱的举止、耐心的话语，帮孩子战胜情绪魔兽，解决其成长中的难题。孩子登上认知的新阶梯，就是进步，就是超越，当然也是父母帮助他取得的一个可喜的成果。

倾听孩子哭闹，发现他的心理求助信号

　　孩子哭闹、发脾气是在向父母发出求助的信号，说明他需要关爱和倾听。父母不仅要耐心倾听，还要掌握倾听的效果。这个效果依赖于多种因素，包括父母的自信心、父母表达的对孩子的关爱程度，以及对孩子形成的安全感的大小。当孩子的心灵被父母的关爱萦绕，安全感使他紧张的心情完全放松下来时，积累的坏情绪才能全部倾泻而出。

　　晚上到了睡觉的时间，莉波卡的妈妈把她的睡衣放在了床上。妈妈知道莉波卡肯定看到了。可是她还是满屋子乱跑，因为找不到她的睡衣大喊大叫，让妈妈非得帮她找到睡衣不可。由于之前莉波卡曾经这样闹过一场，妈妈料想她一定还会大哭大闹。于是，妈妈拒绝了莉波卡的要求，对她说："明明你自己能找到，为什么要让我来找。我知道你自己能找到。"莉波卡听妈妈这样说并没有作罢，坚持让妈妈帮她找。妈妈则坚说让她自己找。果然不出所料，莉波卡尖叫着跑回了自己的房间，坐在两张床中间的地板上，蹬着双腿哭闹起来。

　　莉波卡的妈妈知道自己该认真倾听女儿的哭闹了。妈妈过去把她拉到自己的身旁，这时女儿的坏情绪彻底爆发了。她用脚踹妈

妈，大声哭泣。妈妈尽可能地搂住女儿，还要防止她把自己踹伤。莉波卡大声哭闹着，浑身冒汗。这种情况持续了半小时后，莉波卡突然说："你坏！你就像那个想要吻我的小男孩！"妈妈从来没听说过这件事，她惊异了片刻后问女儿："是谁要吻你？是在幼儿园里吗？"莉波卡边哭边告诉妈妈："在幼儿园有个男孩子想要吻我，我不让她吻，可他把我顶在门后边，按住我，强迫我。我用手推他，他就用双手掐我的脖子。"妈妈震惊了，用双手紧紧地把女儿抱在怀里。当莉波卡停止哭闹时，妈妈告诉她，"妈妈为发生这样的事感到非常难过，但是不要害怕，明天早上妈妈到幼儿园去处理这件事。"

第二天早晨，莉波卡的妈妈把这件事告诉了幼儿园的老师，事情得到了处理。原来在莉波卡的大班里，有小男孩经常强吻小女孩。难怪莉波卡会发这么大的脾气，是这件事严重地伤害了她。在问题得到处理以后，幼儿园再也没有发生这样的事，莉波卡也很乐意到幼儿园上学。

孩子大哭大闹总是有原因的，有时候就是为了摆脱内心创伤而努力地挣扎。父母不可以对孩子的哭闹表现得漫不经心，或者是用孩子喜欢的东西来安慰他，只把不再哭闹当成哄孩子的目的。身为父母，要认真地倾听、了解孩子，用关爱的肢体语言给孩子送去安全感和足够的信任，帮助孩子愈合心灵上的创伤，这是爱孩子的父母必须做到的。

通常情况下，父母有许多事情要忙，不允许孩子哭闹、发脾气，这是错误的做法。要知道孩子在哭闹、冒汗、发抖，有时还要动手打大人时，是他们在处理严重的负面情绪。在孩子边哭边谴责父母时，是在排除妨碍亲子关系的情绪和想法。父母不妨把这个很情绪化的过程当作一次心理疗法，允许孩子充分表达情绪，同时父母不要受孩子的负面情绪影响，要和他一起努力，把彻底清除那些负面情绪当作努力的目标，帮助孩子让其思维回到正常的轨道上来。

如果孩子哭闹、发脾气时父母不在身边，孩子不能真切地感受父母的关爱，孩子独自无休止地哭闹，乱发脾气，是不能排除掉心里积压的负面情绪的。孩子的哭闹是一种信号，表明他需要父母在身边关爱他、理解他，使他在浓浓的爱意里感到安全，如此，才能真正实现宣泄坏情绪的目的。孩子的情绪宣泄要经过一个抛物线形的过程，起初的频率不高，待经过大哭大闹、疾风骤雨，复归平静后，这个过程才算真正结束。

心理学上有一条著名的"情绪转移定律"，意思是，人有自动运用心理防卫机制的能力。当自己对某一对象的愤怒或喜爱的感情，由于受某种原因的限制无法直接向这个对象发泄时，就会将情绪转移到他人身上，从而缓解自己的心理压力。父母懂得这条定律，观察到孩子情绪变化的原因所在，就会认真处理孩子的情绪问题，进入正常交流后，孩子的心不再负债，就又会变成一个阳光快乐的孩子。

听孩子发脾气，知晓烦恼背后的隐情

父母在孩子大哭大闹时，自己一定要保持心态平和，用温柔的手掌触摸孩子，用关切的眼神看着孩子，并让孩子知道父母一直在呵护他，让孩子感到安全。孩子慢慢地会停止哭闹，思维也恢复正常。孩子在哭闹时，父母可以用温柔的声音告诉孩子，很高兴在他身边守护着，保证他的安全。比如可以说："宝贝，妈妈在你身边呢""妈妈喜欢宝贝可爱的样子""别怕，猫猫不会再伤着你的"。有时候妈妈这样说了，这些温暖的话语和亲切的声调会使孩子哭得声音更大、频率更高，也会闹得更厉害。但是，这时孩子正处于情绪宣泄的高潮，即孩子越感到安全，情绪宣泄得越充分，其情绪就会平复越快。

不可思议的是，有父母在身边倾听哭闹的孩子，有时会用更长的时间处理情绪。他们会先处理与刚发生的事情直接有关的情绪，然后接着处理更深层次的与以前发生过的较大烦恼有关的情绪。孩子天生不喜欢背负深重的不良情绪，所以只要有人倾听他的哭闹，就会不失时机地要占用尽可能多的时间把不良情绪"排空"。

如果父母有时间陪孩子，不论孩子哭多久都要守在他身边倾听。允许孩子充分表达出自己内心的感受。假如孩子想要自己不能得到的东西，父母认真倾听，最好给他耐心的关注，而不是给他想要的东西，这是一种违背常规的做法。通常情况下，父母在孩子哭闹的时候，会采用满足他的需要的办法，从而不自觉地使哭闹变成一种武器，孩子一想要东西时就大哭大闹，为了不让孩子养成这样的坏习惯，就要采取陪伴、安抚的办法。当父母第一次尝试这样做时，一定要先做好思想准备，包括鼓起勇气，坚定自己的信念。当第一次成功时，以后就变得容易了。

4岁女孩小雪很喜欢和看护她的阿姨一起玩捉迷藏、翻跟头和倒立等游戏。一天晚上，小雪正与阿姨玩得很起劲，妈妈过来说："雪儿，睡觉的时间到了。"小雪听妈妈叫她很不高兴，开始跺脚、发脾气。妈妈坚持带她到卫生间刷牙洗脚，可她坐在地上大哭，就是不肯去。让妈妈给她一块巧克力才肯去，在一般情况下，妈妈会满足孩子的需求，再不就连拖带拉地把孩子弄到卫生间去，但是小雪的妈妈没有这样做，她蹲下身子搂住女儿，对她说："妈妈知道你还想玩一会儿，可是现在该刷牙洗脚了。"妈妈一边望着女儿的眼睛，一边不动声色地倾听她的哭声。小雪的情绪很快宣泄出来，等妈妈关爱的举动深入到女儿的内心后，她就平静下来了，觉得和妈妈更加亲近了。她就自己站起来到卫生间去了。这天晚上小雪睡得又沉又香。第二天早晨起来，也表现得轻松愉快，高高兴兴地与妈妈一起去了幼儿园。

孩子心里有一些潜在的情绪因素，有时父母不清楚孩子哭闹的真正原因究竟是什么，但是有一点可以肯定，孩子在哭闹时，父母的关注会起到很关键的作用，是帮助孩子摆脱心中的不快情绪，重建亲子关系的感情纽带。当父母靠近孩子倾听他的哭闹时，他的情绪会更强烈一些，持续一段时间，然后就烟消云散般的平静下来了。孩子被某件事扰乱的神经边缘系统随之得到修复。

父母如果在孩子哭闹时试图说教或斥责，结果肯定是越说情况越糟糕。处于哭闹状态的孩子，因为他的前额叶皮层已经处于休眠状态，注意力集中在自身情绪的宣泄上，根本不在意父母的说教。但是如果父母以关爱的方式认真倾听，孩子的神经边缘系统就接收到了所需要的东西，即让他感到温暖、安全的非语言信号。这些信号为孩子的情绪复原打开了一条管道，能促使情绪问题很快得到解决。

有的父母认为容忍孩子哭闹是在纵容孩子，孩子会变得更加蹬鼻子上脸，所以就撒气似的训斥孩子，这是不正确的。心理学研究表明，训斥、责骂往往会使孩子产生逆反心理，并降低他们的认知能力和学习能力。

如果父母经常用耐心倾听的方式对待闹哭的孩子，孩子不会完全丧失安全感。他们坚信父母能理解自己，知道无论自己在坏情绪的主导下说怎样不着边际的话，都只是宣泄情绪而已；父母知道孩子闹情绪时是传递关爱的最佳时刻，不良情绪消除以后，孩子与父母的关系会变得更加亲密。认真倾听孩子宣泄不良情绪，是父母必须懂得的家教艺术。

听见孩子"喷粗口"，用优雅的方式制止

在孩子没有建立起是非观念时，有时会说骂人话。在成长的过程中，几乎所有的孩子都骂过人。因为骂人对孩子来说，是件无师自通的事。加之他们不知道骂人是没有修养的表现，是侮辱人的行为。只要见过别人骂人，他就会不假思索地随口而出。稍大一点的孩子，会用骂人话来表示自己的怒不可遏。有的父母认为孩子小、不懂事，偶尔说几句骂人话并不要紧，因此并不在意；也有的父母把孩子说骂人的话视为大逆不道的行为，严厉地惩罚孩子。这两种做法都有欠妥当。放任自流不可取，过于严厉也行不通。父母要教育孩子尊重他人，正确看待他人的缺点和不足，绝不拿他人的不当之处，作为自己口出恶言的理由。

当孩子与伙伴、同学发生不愉快的事情时，教育孩子学会宽容他人的过失，认识到自己的不足之处，不要为这些小事而生气骂人，而是要用谦让的态度来解决纠纷。孩子都有害怕失去朋友的心理，只要让他们懂得不该骂人的道理，就会促使孩子改掉自己的不良言行。

男孩大彪与同学玩了一会儿后，很生气地跑回家里，他对一起玩的同学大声斥责，骂声连天。原来放学路上，他和几个同学约好了，回到家里的小区一起玩老鹰捉小鸡的游戏，轮到他扮老鹰时，扮小鸡的同学把他捉住了，抓他的帽子，扯他的衣服，把他摔倒了。他起来就大骂了同学一番，还要动手打人，结果同学们都逃走了。大彪一边与爸爸讲事情经过，一边气愤不平，对爸爸大说同学的不是，结果越说越生气，还骂了起来："一群四六不懂的'山货'，还想欺负我。等明天再看见他们，我要把他们打得管我叫爹。"爸爸听儿子数落完了，对他说："大彪，其实这件事你也有不对的地方。一起做游戏，推一下、抓一下是很平常的事。"大彪听爸爸这样说，又不开心了。反问爸爸："我哪里不对，是他们不对，本来是我应该抓他们，他们反过来抓我，我骂他们是应该的，我又没做错。"爸爸说："即使是同学不对，你也不应该骂人，更不该想动手打人。骂人、打人是侮辱人、不尊重人的表现，别人做错事不是你粗鲁无礼的理由，更不能用骂人的话侮辱他人。人最不能忍受的是被侮辱。"

说到这儿，爸爸问道："你听过驴子和马的故事吗？"大彪说："没有听过。"于是爸爸给他讲了这则寓言："有一位农民饲养了一匹马和一头驴。驴拉磨，马驮着主人周游四方。但是，马却经常羞辱驴。吃饭的时候，马第九十九次辱骂驴说，没出息的家伙，一天到晚，围着一个石磨转来转去。眼睛还蒙着，瞎走瞎忙。这样活着有什么意思？不如早点死了吧。驴再也忍受不了马的侮辱，伤心地大哭着跑走了，第二天，主人发觉驴不见了，便把马套到磨上。马说，我志在千里，怎么能为你拉磨呢？主人说，可我要吃面啊！没有驴，总不能囫囵个儿吃麦子呀。"说着，主人用一块厚厚的布蒙住了马的眼睛，并在它的屁股上重重地拍了一掌，马无可奈何地跟驴一样围着磨转起圈来。不一会儿，马就感到头昏脑涨、浑身酸疼，后悔不该侮辱驴子。这个故事说明，侮辱他人，会自食恶果。生活中许多人际冲突常常是从互骂开始。骂着骂着便恼羞成怒，以侮辱他人为后快，互相动起手脚来就酿成了悲剧。大彪听到这儿，知道了骂人、侮辱人的危害，对爸爸说："以后我一定学会尊重他人。"

大彪的爸爸对待儿子骂人这件事的做法很正确。在孩子行为粗鲁时，正确的做法就是让孩子先冷静下来，再让他懂得，无论什么情况下都不能做侮辱别人的事情。侮辱他人于事无补、害人害己。但是，现实生活中，家长们的做法不全是如此，有的家长纵容孩子的此类行为，甚至教导孩子在有冲突时，专挑别人的不是大骂。助长孩子骂人、粗鲁无礼的行为。有的父母在面对孩子粗鲁的行为时，用更粗鲁的行为来教育，这样的方法会有效吗？一定不会！所以，要让孩子做一个文明优雅的人，就请用文明优雅的方式来教育他。

心理学上的"表率效应"来自于管理理论，是指领导以身作则，下属就会自觉追随。言教再多也不如身教有效，行为比语言更重要。父母是孩子的老师，在很多事情上要做孩子的示范者，自身行为端正严谨，孩子也会在效仿中改正不良行为。

孩子是个"暴躁王"，用"计谋"让他变温和

孩子怒点低、脾气暴躁，这是件让父母非常头疼的事。为什么孩子会性格暴躁呢？通常有三种原因：一是由父母遗传所致。父母遇事容易发怒，孩子也经常会情绪失控。二是肾上腺素分泌过快、

过量，遇到事情就容易着急。三是孩子受到了外界因素的刺激，得不到别人的理解，就需要发脾气来宣泄。无论什么原因导致孩子脾气暴躁，父母都要高度重视，想办法让孩子改掉这种性格上的弱点。有的家庭中，妈妈怎么管教孩子都没有效果，就让孩子的爸爸去管。这种做法会给孩子感觉，妈妈束手无策了，所以就会更加没有约束地乱发脾气。如果孩子的爸爸也说教无效，情急之下动粗，会使孩子乱发脾气的情况愈演愈烈，搞得家里鸡犬不宁。因此，对于怒点低的孩子，要动脑筋采取措施，使孩子懂得乱发脾气的危害，使他下决心约束自己，改变自己的行为方式。

刚上小学的男孩方力脾气很暴躁，总爱和小伙伴们打架，经常有被他欺负了的孩子的家长找上门来，让爸爸很没面子。还有家长给方力起了个"暴躁王"的绰号。

有一天，方力抱着皮球跑回家，对爸爸说："大超、小勇、小浩他们把皮球踢到水坑里了，我把他们臭骂了一顿，他们几个要打我，我就抱着球跑回来了。"方力动不动就与小伙伴打架的事让爸爸伤透了脑筋，这次爸爸想对他管教一番。但是，爸爸一想好话说过三千六百遍了，都没见效，这次得换个招法。他忽然想起前几天读过的，让爱发脾气的孩子钉钉子的故事，于是也想用这个办法治一治儿子的火暴脾气。爸爸把一个木板凳拿到方力的面前，对他说："以后你每发一次脾气，就在板凳上钉一个钉子吧。"方力觉得把板凳都钉上钉子这件事很好玩，他拿起锤子就在板凳上乒乒乓乓地钉了起来，一口气钉了五个钉子，累出了一身汗，似乎体内多余的能量被消耗了，心态也平和了不少。

以后无论是在家里还是在外面，只要他发脾气了，爸爸就让他往板凳上钉钉子，有时候一天要钉五六次，结果不到一个月把整个凳面都钉满了。渐渐地方力的性格发生了一些改变，他能克制自己的脾气了，钉钉子的次数在不断减少。终于有一天，方力兴奋地跑到爸爸身边说："爸爸，我今天一整天都没有发脾气。"

爸爸对他说："很好，以后如果你一天都不发脾气，就往下拔五个钉子吧。"方力照着爸爸的话做了，不久后，板凳上的钉子都消失了。爸爸意味深长地说："孩子，板凳上的钉子虽然没有了，但还是有痕迹在。发脾气也是一样，造成的伤害会永远留在别人的心中。"方力看着几乎变成蜂窝眼一样的板凳，深有感触。从此再也不随便发脾气了。

方力爸爸用钉子留下的孔洞，具体地比喻发脾气留在别人心上的伤害，让他很清楚地意识到发脾气有着严重的后果，深切地意识到自己的火暴脾气必须得改正。经过这样的情景教育，再用一句很有哲理的话，就把发脾气的危害阐述得十分清楚，起到了震撼孩子心灵的作用。

父母与爱发脾气的孩子沟通，一定要强调发脾气给对方造成的巨大伤害，从这个角度说明便容易让孩子接受。千万不能只知道责骂孩子或者动手打孩子。当父母发更大的脾气来制止孩子发脾气时，这种感情用事的方法，绝对改变不了孩子好发脾气的习惯。父母本身的暴力行为还会加重孩子的暴力倾向。

如果孩子性格暴躁的弱点没有得到改正，又升级为暴力倾向，就会非常危险。他们在情绪上波动起伏较大时，容易做出一些危害自己及社会的事情。因此，父母一定要让孩子学会情绪管理，对社会常识有明确的认知，做一个有益社会也更有益自己的人。

忍受大宝的怒吼，等来心理平衡的彩虹

在家里有了第二个孩子以后"大宝"的心里都会不平衡，以前父母全部的宠爱都是自己的，现在却被别的孩子抢走了，大宝不会喜欢二宝，找碴或欺负二宝的现象经常会发生。大宝会把心里对父母的怨恨都发泄到弟弟或妹妹身上，以此来平衡自己的失落。

二宝的出现给大宝带来的心理压力，被许多父母忽视了。简单地认为是大宝对父母关爱二宝争风吃醋，随着时间的推移，大宝会习惯的。其实不然，如果父母不及时地解除大宝的心理负担。长此以往，大宝会出现严重的心理问题。觉得没有人喜欢他，感到压抑和焦虑，害怕与他人想处，自我价值感严重不足。有些父母，在生了二宝时，把老大放到奶奶家或姥姥家寄养，这就更容易使孩子感到父母不爱他，抛弃了他。亲子关系的障碍会越来越大。父母如何关爱大宝，解决他的心理失衡问题，是父母倾听孩子、理解孩子、爱孩子的重要方面。

有位妈妈养育了两个孩子，当女儿阿吉丽长到5岁时，比妹妹大2岁的哥哥蒂乐斯总是与妹妹打架。妈妈为这事操碎了心。一天晚上，两个孩子又因为玩具争执起来。妈妈正想责怪蒂乐斯的时候，突然觉得换一种方法可能会更好些，兴许可以帮助蒂乐斯去掉内心的焦虑和烦躁。妈妈态度和蔼地朝两个孩子走过去，他们停止了争吵。妈妈关爱地看着蒂乐斯，可是他并不理睬妈妈，把手里的玩具扔给妹妹，就径直跑回自己的房间。妈妈跟了进去，可蒂乐斯

仍然在生气。

　　妈妈坐在床边看着儿子，坐在椅子上的蒂乐斯脸上冒出细汗，一副要与妈妈争吵的样子。妈妈起身关上门，告诉儿子自己要留在他身边，直到他心情变好了再离开。蒂乐斯试图出去，妈妈拦着他说："你可以出去，但不是现在，而是在你的心情好了以后。现在我要陪在你身边。"蒂乐斯的情绪终于失控，朝妈妈大喊大叫，还站起来推妈妈。妈妈向后躲了躲，但是没有离开。蒂乐斯大嚷大叫，声嘶力竭地喊道："你不爱我！你只爱妹妹。"妈妈说："我非常爱你。生养了你是我的骄傲。"蒂乐斯又喊道："不，你不爱我，你恨我！"妈妈不再阻止他的喊叫。这样持续了大约 20 分钟后，妈妈再度重申："儿子，我爱你。真的，非常非常的爱你。"后来妈妈允许儿子离开了，但是他还在哭、不断地发火，但是妈妈不想再与儿子纠缠下去了，希望等他自己慢慢平复情绪。很快蒂乐斯在书房里安静下来，妈妈在给他送水果时，他流着泪说："妈妈，我一直以为你非常爱妹妹，不爱我。"妈妈把他搂在怀里，对她说："妹妹比你小，妈妈对她关爱得多一些，让你有了被忽视的感觉。这是妈妈不好，其实妈妈是非常爱你的。你是男孩子，要理解妈妈。"蒂乐斯点了点头。从此以后，蒂乐斯不再与妹妹争吵，性情也比以前快活了许多。

　　家里有两个孩子，他们之间就形成了竞争关系，心理学家把这种竞争关系称为"同胞竞争"。父母一定要努力平衡这种竞争关系。如果父母总是持有"大宝应该让着二宝"的观念处理两个孩子之间的问题，会加重大宝的心理失衡，大宝欺负二宝的现象会愈演愈烈，所以父母一定要公平地对待两个孩子。

　　生了二胎以后，父母要关注大宝的身心健康，就像蒂乐斯的妈妈那样，让大宝感到你是爱他。父母对孩子的爱从来不是简单的事情，父母要尽量帮大宝完成由独生子女到非独生子女的过渡，融入新的家庭环境氛围中，健康快乐地生活。

倾听二宝的愤怒，告诉他"爱一分也不少"

想与愤怒中的孩子讲道理的父母是愚蠢的。因为这时试图说服孩子的想法，只能使他认为父母根本没真正在意他，也不尊重他的感受。如果孩子因为父母向他提要求而愤怒，就更不能对他讲大道理了。父母只需坚持自己的正当要求，以爱抚的方式留在孩子身边，允许他大发雷霆直到把心中的愤怒发泄出去。如果父母一直保持亲切温和的态度，孩子发泄完愤怒就会哭泣，哭完了心情就会平静下来，就能够记起父母对他的爱。在可以进行心平气和的沟通时，孩子的判断力得到恢复，也就可以理智地与父母讨论问题了，有些道理他自己会不言自明。

有个妈妈生养了两个孩子，姐姐比弟弟大 2 岁。由于是妈妈独自抚养两个孩子，平日里非常忙碌，稍一不注意可能就忽视了孩子的想法。姐弟俩的生日相隔三个星期。由于姐姐的生日在前，弟弟经常觉得自己不被母亲重视。所以弟弟拿自己生日时的情形与姐姐相比较，比较来比较去，就是一个不爽。女儿 13 岁这年，母亲记起儿子对生日极为敏感的情形，就特意在女儿过生日那天，问儿子想要什么东西作为生日礼物，并仔细地记在本子上，其中包括一个与姐姐一样款式的原木色小书架。

到了儿子过生日这天，母亲按照自己所记的单子给儿子买来了他希望得到的礼物，当然包括一个原木色的小书架。儿子见了这件礼物大发雷霆，质问母亲说："你为什么送我这个？我向你要过书架吗？你心里根本没有我，只有娜丽，竟把她要的东西拿来给我！你就是想不出特别的东西送给我吗？这是我过的最糟的生日。"儿子说出这样一串激愤的话后，怒气冲冲地闯进书房，把书架推倒在地。母亲追过去把书架扶了起来，平静地告诉他，是他自己曾提出过想要与姐姐一样的书架的。然后道歉说："很遗憾你不喜欢这件礼物。我的确想要送你一件你喜欢的礼物。今天是你的生日，这个日子在我心中占有特别的位置。""我非常爱你。我决不愿意伤害你。如果我做错了，我很抱歉。"母亲持续地对儿子说着这些话，慢慢地走近他。儿子在书桌旁坐下来，母亲也拉过一把椅子坐在他的身边，把胳臂放在他的肩膀上。母亲知道，儿子现在至少可以用眼光的末梢看到她正望着自己的眼睛，感受到自己对她的关爱之心。

母亲对儿子说："儿子，自从你出生那天开始，你就是我喜欢的孩子。医生把你抱到我面前时，我高兴极了。在我眼里，那时你看上去非常漂亮，现在你依然是品貌出众的孩子。"母亲沉浸在回忆里，儿子听着听着就哭了起来。母亲用力搂着儿子的肩膀，他哭得更厉害了。过了一会儿，母亲问道："你还想知道，小时候我有多么爱你吗？"儿子点了点头。母亲讲起了与儿子在一起时的许多趣事，儿子时断时续地哭着，紧紧地依偎在母亲的肩头。这样过了一个小时，儿子走出书房到餐桌前吃了些东西，对母亲说："我还是很喜欢这个小书架的，原木的颜色非常古朴，与书桌的颜色非常相配。"

这位母亲明白隐藏在儿子的愤怒情绪背后的原因，是他误解妈妈不重视他这个二宝，所以决定用温和的态度处理这场风波。她尽力不让自己因为"选错"了礼物而感觉太糟，争取使这场风波可以有个好的结果。如果能够因为母亲不看重自己而大哭，她就有机会帮助他卸掉一些经常烦扰他的错误想法。母亲已经做好准备，如果他第二天仍不喜欢那个小书架，她就再和他进行一次深谈。而在儿子大发雷霆的时候，她只需要专注地倾听，靠近他，试探用合适的话语使他平静下来，并使他感觉到：妈妈对这个弟弟的爱，一分也不少于姐姐。母亲没有把注意力集中在自己的想法和感受上，而是集中在化解儿子的误解上，传递给他全部的关爱，尽量不让儿子的发怒行为、羞辱性言辞或他表面的失望情绪影响到自己。结果取得了比预想还要好的效果。

父母在管理孩子的脾气时，要防备"野马结局"的产生。心理学上的野马结局来自这样一个故事：非洲草原上有一种吸血蝙蝠，叮在野马的腿上吸血生存，不管野马怎样暴怒狂奔都甩不掉，它直到吸饱后才离开。它的吸血量极少，野马却因暴怒狂奔而死去。寓意是，人不应因小事而大动肝火，造成不应有的损失。父母查明孩子发火的原因后，要用疏导的方式加以化解，避免因小问题造成严重后果。

对任性的孩子冷处理，"负强化"改正不良行为

孩子出生以后，会以起伏的性格状态成长。有时表现得较为乖顺，有时表现得非常任性。孩子 2 岁以后自我意识开始萌芽，有很强的表现自我的倾向，凡事都喜欢说"不"，到处炫耀和滥用自己的"否决权"，他们适应这种心理变化后，会步入一段性情温和期。

但到 4 岁左右，孩子又进入一个不平衡阶段，情绪不稳、脾气暴躁、任性胡闹，喜欢拒绝父母的要求，各种任性言行再次表现出来。

制止孩子任性的主要办法，是及时阻止孩子任性的行为发展。对他的任性行为采用"负强化"的方法制止，绝不重复、唠叨。这样可以让孩子感觉到父母态度很坚决，没有回旋的余地，他必须对自己的任性行为进行反思，并坚决改正。

5 岁男孩飞飞的爸爸是中国人，妈妈是美国人，奶奶也从中国到美国跟他们一起生活。一天中午，飞飞在吃饭时耍脾气，他看着妈妈给他拿到面前的餐盘叫嚷着："不吃，不吃。"妈妈问道："你真的不吃吗？"飞飞把头摇得像拨浪鼓："不吃，晚上也不吃。"妈妈说："那好，不吃就算了。"晚上，奶奶做了几样中国特色的菜，其中还有飞飞十分喜欢的糖醋排骨。飞飞的妈妈把各样餐具备齐后，晚餐开始了。飞飞一闻到糖醋排骨的味道，马上放下玩具跑到餐桌边，问妈妈怎么没有他的餐具。妈妈说："你中午说晚上也不吃了，说话要算数。"

奶奶以为儿媳妇也就是吓吓孩子，哪会真的那么狠心不给他吃饭呢。于是也没说什么，就招呼儿子媳妇一起吃饭。可是，她吃到一半，发现孙子仍可怜巴巴地站在一旁，但是他的妈妈依然不为所动，还是没有叫孩子上桌吃饭的意思。这下，奶奶心疼了，她赶紧拿了盘子，给孩子装好糖醋排骨，端了过去。

飞飞的妈妈见状马上制止："不要管他，中午是他自己说晚上也不吃的。说话要算数，饿了也是他自己的事。饿几次，他自己就知道好好吃饭了。"

奶奶皱起眉头说："你这不是虐待孩子吗，晚饭都不给他吃。"

飞飞的妈妈回答说："不是我们不给他吃，是他自己不吃，后果当然由他自己负责。"这时飞飞的爸爸说："妈，您别管了，这小子不好好吃饭，是该让他吃吃苦头了。"飞飞的奶奶只好作罢。

大人们在桌子上吃饭，飞飞仍然在角落里可怜巴巴地看着，嘴里的口水都要流出来了，开始他还坚持，要求妈妈给他吃，无效，就哭，大声哭，还是没用，一顿饭就这么吃完了。

到了晚上快睡觉的时候，飞飞饿得肚子咕咕叫，知道不吃饭就得挨饿，这滋味真不好受。于是主动跟妈妈道歉，承认自己不对，不该耍脾气，以后一定好好吃饭。现在能不能先给他一杯牛奶喝，因为他实在太饿了。妈妈倒了一杯牛奶给飞飞，他喝完之后就乖乖睡觉了。从那天以后，飞飞每次吃饭都表现得很好。

教育上所运用的"负强化"，是指孩子做出某一行为后，跟随一个结果，这一结果对将来该行为的出现产生影响。"负强化"是行为主义理论中非常重要的概念，在行为矫正中具有立竿见影的作用。通常是通过一种厌恶刺激，使目标行为减少。飞飞的妈妈正是通过"挨饿"这种厌恶刺激，使他懂得了不按时吃饭的严重后果，从此改正了吃饭时任性，不想吃就不吃的坏毛病。

"负强化"的过程基本是四个步骤：（1）孩子出现不良行为。（2）运用厌恶刺激，使之认识不良行为的后果。（3）为了避免再度遭受厌恶刺激，需建立起改正不良行为的想法。（4）形成良好的行为习惯。若父母懂得交替运用负强化和正强化（表扬和鼓励），教育孩子的效果会更好。

第四章

听出孩子在学业上的困惑，指导点对点

孩子学业上的困惑来自方方面面：有对某个学科不感兴趣的问题；有心有旁骛不专注的问题；有学习习惯不好的问题；有受社会因素拉牵的问题；等等。孩子学习成绩上不来问题出自哪里？如果父母不耐心倾听孩子，不能敏锐观察孩子，还真难发现问题所在。做能从孩子学习实际困难出发、指导精准对位的父母，要舍得花时间倾听孩子、了解孩子，也许你帮他解决一个或几个问题，他就茅塞顿开，轻松上路了。在孩子的学业进步方面，懂得以小博大、舍小取大，才是最合格的父母。

从孩子的疑惑中听出求知欲，因势利导

孩子智力发展最快、最重要的时期到来时，色彩斑斓的外界事物让他们充满了好奇心，自然会产生很多的疑问。他们需要父母来解答这些疑问，揭开奇幻世界的谜底。但是，大部分父母会漠视或回避孩子的问题。除了自己有许多事情要忙，还会因为孩子的问题不好回答，就采取应付、搪塞的态度。比如许多家长都会在孩子问这问那时回答说，"长大你就知道了""你去问老师吧"，更有不耐烦的父母，会说"我不知道""别问这些稀奇古怪的问题"。其不知，这样的态度很容易泯灭孩子的好奇心和求知欲。等孩子长大后不喜欢学习时，就"恨铁不成钢"地乱抱怨，其不知正是自己昔日的不重视才导致了孩子今日的不求上进。如果能在孩子很小时就启发、引导他勤学好问，孩子又怎么能不在知识的海洋遨游并收获多多呢。

童第周很小的时候，看到屋檐下的石板上整整齐齐地排列着一行小坑坑很是好奇，琢磨半天也弄不明白是怎么回事。有一天傍晚，从事教育工作的父亲从学校回来，他急忙上前把父亲拉到屋檐下问："这些小坑是谁敲出来的？是做什么用的呀？"

父亲见儿子有这么强的求知欲，就耐心地给他讲解说："这不

是人凿出来的，是下雨天檐头水往下滴，经年日久砸出来的。"童第周更好奇了："水是柔软的，石头是坚硬的，水怎么能把石头砸出坑呢？"

父亲拍了拍他的小脑瓜说："一滴水当然砸不出坑，但是到夏天经常下雨，点点滴滴不断地砸，不但能砸出坑，还能砸出一个洞呢。古语说'水滴穿石'嘛。对待学业也是这个道理，一天学一点知识，长大了就成为出众的人才了。"

父亲的一席话，深深地烙印在童第周的心里，他经常坐在屋檐下的石阶上，查看小水坑是不是变深了，总在琢磨"水滴石穿"这句话。

天有不测风云，几年后童第周的父亲去世，大哥把童第周送到家乡附近的一所寄宿学校读书，希望他努力学习，将来能回家乡继承父亲事业，办好乡村的学校。但走出小山村的童第周，此时心中已有另一番高远的志向，要进当时省内名望极高的宁波效实中学。大哥为小弟有志向感到高兴，又为小弟是否能考上感到担心。

童第周坚定地告诉大哥："我用'水滴石穿'的精神苦读，一定能考上效实中学。"童第周起早贪黑地备考。功夫不负有心人，他终于考上了效实中学，成为三年级的插班生，可是他的成绩全班倒数第一。面对这张不满意的成绩单，童第周流下了伤心的泪水。同时也暗下决心，一定要再次发扬"水滴石穿"的精神，迎头赶上去。

一天深夜，教数学的陈老师从外面办完事情回学校，发现校门口昏黄的路灯下有个瘦小的身影，走近了一看，原来是童第周正在借着路灯的光演算习题。陈老师劝他说："这么晚了你怎么还不休息？会累坏身体的。"童第周说："陈老师，我在班里的名次太低了，一定要抓紧时间向前赶。"陈老师命令童第周马上回去休息，可他走到寝室门口，看陈老师走远了，就又回到路灯下，继续演算数学题。

期末考试结束后，童第周成了全校关注的对象。他终于靠自己的刻苦努力，取得了平均70分的好成绩，数学还得了100分。到高中毕业时，童第周的总成绩名列全班第一。校长无限感慨地说："我当了这么多年校长，从来没有看到过进步这么快的学生！"

童第周高中毕业后考入复旦大学，后来成为了一位著名的生物学家。从他的成长历程中可以看出，是父亲启蒙教育做得好，在他幼小的心灵里播下了"水滴石穿"这枚不断奋斗的种子，而这枚种子的发芽和成长，在童第周的心里变成了源源不断的学习动力。

若不是童第周把父亲讲的水滴石穿的道理铭记在心，不是深夜在路灯下狂算数学题，怎么能考到满分呢？而没有当初的优异成绩又怎么能取得卓越的科学成果呢？因此，身为父母者一定要时时刻刻保护孩子的好奇心，培养孩子的上进心。当父母的教导成为孩子努力的不竭之源，一个有理想、有抱负的孩子就自然而然地长成了。

听孩子质疑前人，登山"实察"培养研究素质

学习中的"疑问"来自哪里？来自于灵感的迸发和思维的碰撞。"疑问"是学习的开端，思维的引线，进步的向导。当孩子对身边的事物产生了解的渴望、解决的兴致时，"疑问"便会随之而

来。如果想要让孩子对事物的认识不断加深，就要启发他们经常去质疑已有的结论，养成钻研的好习惯。事实上历史上许多重要的发明和发现，也是因为突破了传统观念的束缚才实现的。

写出《梦溪笔谈》的沈括是位精通天文学、数学、地理学的宋代科学家。当少年沈括读唐朝诗人白居易的名诗《大林寺桃花》时，对"人间四月芳菲尽，山寺桃花始盛开"两句产生了怀疑，他问父亲："为什么人间四月天、繁花落尽时，山上的桃花才开始盛开呢？"父亲沈周曾任福建泉州、江苏南京、四川成都等地的知府，是个非常博学的人。他听见儿子说出自己的疑问非常高兴，本想给儿子做出解释，但是想了想说："你到山上看一看不就知道为什么'始盛开'了吗？"

沈括听了父亲的话就约了几个小伙伴去登山，想看看是否有桃花"始盛开"。当他们来到山上时，一阵阵凉风袭来，吹得他们瑟瑟发抖，抬头一看，果然有一树树的桃花争相斗艳，沈括禁不住茅塞顿开，原来山上的温度比山下要低很多，因此花季来得比山下晚。真是不看不知道，一看才明白，白居易的诗是如此的精到。

当沈括回到家里时，父亲问他是否找到答案了，他回答说："找到了。"父亲见儿子通过登山有所收获，就高兴地对他说："许多知识需要在'实察'中进行验证，你要养成动身、动手的好习惯。"

沈括记住了父亲的话，凭着这种探索求真的精神，命名了与我们现代人的生活息息相关的一种燃料——石油。

有一次，沈括在一本书中读到了这样一句话："高奴县有洧水，可燃。"善于进行科学研究的沈括，立刻觉得这其中大有文章。"水"是不能燃烧的，如果真的能燃烧，它就不可能是纯粹的

"水"，为了探明实情，沈括决定亲自进行"实察"。

古时候的高奴县，在现在的陕北，也就是延安市的东部。沈括来此之后，发现这里有一种褐色液体，叫"石漆"或"石脂"，当地人用来烧火做饭、点灯和取暖。沈括以一贯秉持的科研精神，弄清楚这种液体的性质和用途后，给它取了一个新名字——"石油"。沈括在《梦溪笔记》中写道："在鄜州、延州境内有一种石油，就是过去说的高奴县脂水，脂水就是石油。"

最早为"石油"命名的是沈括，最早描绘石油形态与燃烧过程的是沈括，最早用石油烟尘代替松烟制墨的也是沈括。他笔下的延州石油就是现如今的长庆油田。

从沈括的故事中我们不难发现，"实察"培养的就是科学研究的素质。而在中国的家庭教育中，家长最忽视的就是对孩子这种素质的培养。许多孩子课后要去参加音乐、美术、外语、作文、数学等课后班，几乎很少有孩子去参加课后的科学实验班——社会上也很少有这样的培训班，因为这不是"考试"内容，也不可能因为实验能力强拿高分，考上好大学。因此，身为家长要特别注重孩子的全面发展。

从大的视角来看，主导世界发展方向的是科学发明，能够创造亿万财富的也是那些发明家，美国的比尔·盖茨、乔布斯，中国的袁隆平就是这样的人物。身为家长，如果发现你的孩子好奇心特别强，对身边事物的变化感兴趣，而且研究起来总是废寝忘食，一定要注重培养他的科学素质，而不要强迫他坐上那个令他痛苦不堪的钢琴凳。

欧美的一些先进国家，为什么能有那么多主导世界各行各业的先进技术，主要是他们注重青少年、大学生的科学研究素质的培养，使更多的人热爱科学研究。

美国 17 岁女孩玛丽·马丝特曼获得"英特尔科学天才研究年度奖"，受到总统赞扬。这个少女在 1700 名高中生的角逐中赢了这个奖项。她的发明是：制造了能识别出指纹中不同分子的光谱仪。这种光谱仪通常用于天文学、医学等行业的研究，比如用作传感装置，搜寻炸药或药品，或通过分析艺术品的成分来帮助确定其年代。这样的一台光谱仪的价格高达 10 万美元，而马丝特曼的发明由镜头、激光、铝管和摄像头组成，成本不到 1000 美元。马丝特曼是怎么样的一个女孩子，她的家长又为她做了些什么呢？

马丝特曼的父母发现读中学的女儿喜欢做科学实验，就在家中为她建造了一个小型实验室。马丝特曼每天放学后就钻进自己的实验室，节假日也从不去游玩。获奖后她把 10 万美元奖金，全部用于改建自己的实验室。她说自己未来的研究目标是寻找清洁能源。看着她在电视镜头前熟练地操作各种烧杯、试剂，人们就会想到居里夫人、雷切尔·卡逊那样的女科学家。她就是一个正在冉冉升起的新星。

身为家长，当你看到自己的孩子有双探究未知世界的眼睛，经常提出各种疑问时，不仅要耐心倾听，还要适时引导，帮助他走上科学研究的道路，这样你就不会为他学业没长进、人生没有目标发愁了。让孩子干他所热爱的，全身心投入他所热衷的，既是家长的使命，也是为社会发展尽到一己之责，何乐而不为？

心理学上有一条著名的"瓦拉赫效应"，意思是，人的智能发展具有不均衡的特点，也就是存在智能上的强项和弱项，人一旦找到自己智能的最佳点，会使所蕴含的智能潜力得到充分的发挥，取得惊人的成就。父母在观察孩子时，要善于发现他的强项，并支持他在这个强项上发力。

让钻牛角尖的孩子"脑洞大开"

人们常说的"脑洞大开"一词是怎么来的，又是什么意思呢？有专家指出这个词是由"脑补"二字衍生出来的——因为有脑洞，所以需要脑补。"脑洞"是大脑中需要用想象力去填充的洞穴，也就是需要进行"脑补"的具体位置。"脑补"二字源自日本动漫，意思是观看者在大脑里通过自己的想象来补充或添加原作中没有的情节或内容。后来词义扩大了，对小说及其他艺术作品甚至现实生活中的情节、情景进行幻想、想象也被叫作"脑补"。因此，"脑洞大开"即指脑补能力非常强、想象力非常丰富，也就是通常人们所说的进行高强度的思维拓展活动。

思维拓展关系到创造、创新力的培养，因此当代教育把思维拓展活动的开展作为提高学生综合素质的重要环节，得到教育机构的高度重视。美国心理学家吉尔福特认为思维拓展是"从给定的信息中产生信息，其着重点是从同一的来源中产生各种各样的为数众多的输出，很可能会发生转换作用"。这段话的具体意思是，解决一个问题可以从多个开端入手，产生联想，获得各种各样的结论；也可以针对一个问题随客观条件的变化及时修改原来的想法。按照吉尔福特的见解，思维拓展应被看作是一种推测、发散、想象和创造的思维过程。

既然思维过程训练有利于创造、创新能力的提升，这就为父母教育孩子提出了新问题、新方式。传统教育中的"学"需要增加更多的研究内涵。因此经常让孩子"脑洞大开"，多角度研究问题变成为父母指导孩子的特殊技能。

洛洛是个学习努力的女孩子，在班级的成绩也名列前茅。但是，她比较固执，也就是人们常说的"一根筋"，一旦自己认定的事情，其他人就很难改变她的做法。说这是优点也不错，有意志力，遇到困难不气馁，有股不达目的不罢休的劲头。说这是缺点也有道理，因为在学习上要是喜欢钻牛角尖，就会使思考能力受到限制，影响解决问题能力的提高。

有一天，洛洛正在做作业，有一道数学题显然难住了她，她想到一种解法就一直研究，教中学数学的爸爸看女儿正在困扰中，就想给他支着儿。于是，默默地走到洛洛身边看了看题，和缓地对女儿说："洛洛，你这样做恐怕解不出来，你可以尝试用反推的方法解一下。""不，爸爸，我觉得我的方法是对的，一定能解出来。"爸爸听后知趣地说："好吧，那你再试试吧。"

过了很久，洛洛还没解出来，最后她不得不放弃自己的方法，她对爸爸说："看来我的方法不行，白费了这么多工夫。"爸爸听后摸着她的头说道："没关系，如果你觉得自己是对的，可以坚持，但是，一定要学会听别人的意见才行呀，你再按我说的方法试一试。"洛洛按爸爸说的反推法，很快把这道题解出来了。

她跳起来搂住爸爸的脖子，高兴地说："哇塞！还是老爸厉害。"爸爸说："这叫'三重水复疑无路，柳暗花明又一春'，遇到难题要拓宽思路，不能一条道走到黑，你要记住呀。"洛洛说："记住了。要'脑洞大开'，不能钻牛角尖。"

洛洛的爸爸看似给孩子指出了一道题的解法，实际上是教给了女儿一种拓展思维的方法。

　　有时候，孩子的思维方法很偏狭，在大人看来有点幼稚可笑，但是，在孩子的眼里却很正确。这时的父母应该暂时采取支持的态度，让孩子尝试一下，就像洛洛的父亲那样。当孩子明白自己的坚持是错误的之后，再给以循循善诱，告诉孩子不要钻牛角尖，这样孩子就会逐渐体会到"脑洞大开"的意义。

　　人天生的性格因素对拓展思维能力具有一定影响力，比如，孩子动手能力强，没事就想拆了这个，装上那个，在动手操作的过程中养成研究问题、解决问题的习惯。不能忽视的是，后天的教育对拓展思维能力的影响更大、更深。许多研究成果表明，后天环境能在很大程度上造就一个新人。孩子在生活中、学习时主动进行拓展思维能力的训练，可以改善思维品质，提高孩子的发明创造能力和开拓创新能力。父母要学会为孩子的思维品质把脉，发现问题时进行有的放矢的精准诱导，并且要持之以恒地坚持下去。

　　孩子的思维能力并不是看不见、摸不着的神秘之物，而是一种能通过现实活动反映出来的客观存在，有特点、有品质，还有高下之分。父母对孩子的引导、培育一方面要顺应其天生的思维品质，另一方面要通过训练活动激发其潜能。只要平时注意用智慧浇灌幼小的花蕾，将来就会收获孩子在发明创造、开拓创新方面取得的成果。

从孩子的呼喊声中理解"活学活用"

有教育专家指出，"为学之实，固在践履。善于用学习之箭射实践之靶，把学到的知识转化为自身能力，才实现了学习效益的最大化"。

父母在孩子学习上取得一定成绩时，不仅要夸奖孩子，还要善于帮助孩子在实践中应用所学的知识。这样一来，孩子不但能加深对知识的理解，还能增强学习兴趣，产生强大的学习动力。知识来源于生活，反过来又为生活服务，这是一条基本规律。孩子学习知识，就是为了将来应用到生活中去，更好地发展自己。所以，父母要有意识让孩子在生活中体验所学的知识，培养理论联系实际的能力，增强他们把知识应用到生活中去的自觉性。

学以致用能培养孩子善于观察社会、分析问题的能力。当孩子学会利用已有的知识作为支撑，解决生活中的问题时，他们就已经学会了主动学习，而不是被动理解各种文字符号。把知识和生活实践结合起来，主动自然地学习知识，才是父母希望看到的结果。

英国小女孩蒂莉·史密斯与父母在泰国麦考海边度假，就在她和小朋友玩得正欢时，无意中瞥了一眼远处的海水，这一眼让她预感到一场不幸到来了。她急忙对身边的妈妈说："看！海水在冒泡，还伴有嘶嘶的声音。地理老师跟我们讲过，这就是海啸来临的标志。"蒂莉的妈妈是聪慧而理性的女人，看着脚边的海水正急速地后退，她对女儿的话确信不疑，夫妇两人和麦考饭店的工作人员一起动员海滩上的游客撤离。当疯狂逃命的人们刚刚抵达安全地带时，海啸的白色巨浪已经排山倒海般奔涌而至，让站在高地上的游人惊得目瞪口呆，同时也十分庆幸自己因蒂莉及时发现海啸躲过了灾难！

11岁的蒂莉将学到的地理知识"活学活用"，挽救了100多人的性命，使泰国麦考海滩成为在这次海啸中少数几个没有伤亡的海滩之一。人们送给蒂莉·史密斯一个美丽的称号——"沙滩天使"。这个称号对于蒂莉来说是当之无愧的，一个人能挽救众人的性命于危难，她不就是上帝派到人间的天使吗！

在印度洋海啸周年祭时，媒体采访了蒂莉·史密斯的父亲，他说："如果没有我伟大的女儿，我和我的妻子以及100多名旅客都会遇难的，我为女儿感到自豪。"

国家改革开放后造就了许多学历不高，但是成就令世人瞩目的成功人士。也许，这些人成功的故事不是几句话能讲清楚的，也不像"沙滩天使"这个故事更直接地体现了知识的价值；但是，在"学以致用"这个道理上肯定是一脉相通的。

长期以来，受传统意识的影响，中国的家长们只有看到孩子在桌前读书写字，才认为孩子是在"学习"，而忽视了在实践中应用知识。其实，经常参加社会实践是巩固书本知识，把书本知识内化为自身技能的重要方法。

北京的几个孩子课余到石景山进行测量活动，他们爬到山顶后，发现了一口深井，用50米皮尺缀着石块去量，还到不了井底。这引起了他们的好奇：这山是岩石形成的大山，在岩石上凿那么深的井，怎么凿？谁凿的？

孩子从山上回来后向家长和老师讲明了情况，家长就和老师再一次带他们一起上山去察看那口深井。经过观察发现，在树丛中有建筑遗迹，还找到了几块残破的碑石。大家一起把碑石拼对起来，拍了照片。回来后送到文物部门去请教，被专家鉴定为是明代的遗物，并告诉他们说，山顶曾有个寺庙，这个深井是和尚打的。同学们一起动手查阅文史资料，得知石景山早先叫"石经山"。"经"是指佛经。

几个孩子仍想知道那口深井到底有多深，得知可以用自由落体的回声原理去测算，他们很快就学会了，再次爬到山顶去测算，得出结论：井深146米。后来孩子们写了一篇名为《石景山的古井》的文章，不仅报纸加以登载，北京人民广播电台还加以播出，他们高兴地说："我们成功了！"

实践不仅是检验知识的标准，更是激发学习兴趣的好方法。古语说："不力行，但学文；长浮华，成何人。"从中不难看出，中国古人都知道"不力行"，孩子就不能长大成人，我们现代人还怎么能忽视勇于实践、身体力行呢？

古希腊哲学家苏格拉底提出了著名的"因果定律"，意思是，无论哪一方面的成功或失败都不是偶然的，都有着一定的因果关系。这个定律直到如今仍被称之为人类命运的"铁律"。父母懂得运用这一定律，从学习与应用两个方面培养孩子，才能够使孩子在重要时刻展现出非凡的才华。

找到成绩下滑的原因，帮助孩子"收心"

孩子的学习成绩在父母的心里占有重要位置，这是毋庸置疑的。有人说，只要高考还在，成绩就是第一位的。这话说得很实际，毕竟考上好大学前途更光明。好成绩如同黑暗中闪耀在灯塔上的光芒，高高地悬在父母的心头。如果这个光芒熄灭了，父母的整个人生都暗淡了。如果说，有父母不看重孩子的学习成绩，要么是假话，要么真的有能力为孩子另辟蹊径，但有如此能力的父母毕竟少之又少。

父母关心孩子的成绩是应该的，但是要持有正确的态度。不能某次考试成绩不好就如临大敌、情绪失控。要保持心态平和，多与孩子进行交流和沟通。

小学生白帆在五年级新学期开学时，上学不再用父母督促，放学回家后吃完晚饭就马上到自己的房间里做作业，除了上卫生间一般也不出来。爸爸心里暗喜："这孩子懂事了，学习这么自觉。"有时看到儿子十点多了还没休息，爸爸心疼地劝儿子别学了，赶紧上床睡觉。期中考试成绩出来了，爸爸问他成绩怎么样，他蔫头蔫脑地说："不怎么样。"爸爸拿过试卷一看，几乎不敢相信自己的眼睛：竟然全都不及格。

"为什么会这样呢？"爸爸的这话没有问向儿子，而是问向了一个当教师的同学。同学回答说："白帆肯定没有像你看到的那样专心学习，你要仔细观察一番。"

一天晚上，爸爸对白帆来了个突然"袭击"，想看一看儿子在房间里到底做些什么。结果在儿子的房间里发现了几本漫画书，很小、很便于隐藏的那种，还有画笔、画纸。原来，儿子最近迷上了看漫画书，还想把自己喜欢的漫画人物照着画出来，每天心里想的就是漫画中人物的各种表情、动作，根本没有心思学习。

再到学校去了解，白帆在课堂上也看漫画书，只要老师看不见，他就抓紧一切时机看漫画、画漫画。

成绩不好的病根找到了，爸爸没收了儿子的漫画书和画画工具；也与老师进行了沟通，要求严加管教。爸爸对儿子的爱好也没一棍子打死，而是与他约法三章，只要专心学习，作业保质保量地完成了，不只可以看漫画书，还可以奖励漫画书、漫画光盘，陪他看画展，前提是不准带到学校里去。

白帆的心思慢慢收回来了，课堂上能认真听课、主动回答问题，作业也完成得很好，不久后，学习成绩也提高了。

这就是孩子，时刻需要父母的细心观察，及时发现问题、解决问题。只要方法得当，学习上的困境还是能轻易解决的。但是如果父母任由自己的虚荣心、攀比心作祟，急功近利，只关心孩子的成绩，不做深入的分析和研究，更不能用有效的方法帮助孩子，就会使孩子破罐子破摔，难以回头。

分数关乎孩子的未来，甚至关乎一个家庭命运的改变。孩子还没有把分数当成他的命根子，父母率先把孩子的成绩当成了自己的命根子，难免产生偏激的做法。美国教育家斯宾塞曾经说过："身为父母，千万不能太看重孩子的考试分数，而应该注重孩子思维能力、学习方法的培养，尽量留住孩子最宝贵的兴趣与好奇心。绝对不能用考试分数去判断一个孩子的优劣，更不能让孩子有以此为荣辱的意识。"这话中国的父母听起来会很不入心，但是把眼光放得远一点，这句话是十分正确的，因为父母过分看重孩子的分数，就会不尊重儿童的成长规律，引发更多不利于孩子成长的问题。

男孩天宇刚上初一，几次考试成绩都不理想，有的科目甚至不及格。每次他拿着成绩单回家，默默地递给父亲时，心里都非常难过。

但是，父亲并没有顾及他难过的表情，看着那些刺眼的分数，几乎每次都是愤怒地破口大骂"废物""完蛋货""还有脸给我看"。时间长了，天宇觉得自己真的很没出息，学习成绩总上不去，感觉自己就是不折不扣的"完蛋货"。

于是，他上课更不专心听讲了，作业不是照同学抄，就是干脆不做了。更明显的变化是，他再把成绩单递给父亲时，不再难为情，而是想着怎么样应付父亲愤怒的谩骂，而父亲的责骂变成听腻了的耳旁风，无论带着怎么样的电闪雷鸣，对他都不起任何作用。

父亲长期责骂，让天宇在学习上彻底失去了自信心、上进心，自然也就会破罐子破摔。身为父亲应该明白，当你的责骂让孩子麻木时，如果想重新鼓励他好好学习的信心，就不那么容易了。如果自己不改变方式，怎么能让孩子悬崖勒马。

在许多家庭里，家长虽然不像天宇父亲那样狠骂孩子，但也是指责声不断。通常的情况是：家长越是语重心长地指责孩子"你怎么总也考不出好成绩，每天脑袋里都想啥呢？""你能不能长点儿记性，以后学习上点心"。这时，如果孩子反抗，家长便会更加火大，然后进行没完没了的说教。殊不知，这种习以为常的指责，只会让孩子越来越厌烦，越来越麻木。时间一长，无论你每次多么苦口婆心，甚至声泪俱下，孩子也会认为，你的行为只是在固定的模式里画圈而已，对他的心灵并没有产生激励作用。

指出孩子的错误，但是总应该平静地听孩子解释，给孩子表达自己想法的机会。要知道，孩子讲话的过程，其实也是一次很好的反省机会。在批评孩子时要讲究艺术性，让孩子知道自己犯了错误，因此而感到愧疚。如果方法不当，孩子的自尊心一旦被摧毁，是很难重建的。孩子一旦在大人的批评、指责中丧失了羞耻心与自尊心，长大后便很难有所作为。父母为发泄自己的怒气随意说出的侮辱性的话，会伤害孩子的心灵，摧毁他们堂堂正正做人的勇气。不仅达不到教育孩子的目的，反而会促使孩子走上歧途。

心理学上有一条著名的"厚脸皮定律"，意思是：人由于后天长期得不到他人的尊重，久而久之，其羞耻感会逐渐降低，对别人的不尊重行为也会习以为常。父母在孩子成绩不好时，无视孩子的自尊，动辄辱骂、训斥，长此以往，孩子就会视辱骂、训斥为"家常便饭"，不管父母多么的歇斯底里，他都脸不红、心不乱，变成让大人奈何不得的"厚脸皮"或"没脸没皮"的孩子。到了这种地步，孩子的心灵已经因受伤而逆反，想彻底改变他已经很难了。父母在理解"厚脸皮定律"的作用后，在孩子的教育上要尽量做到入情、入理、入心，增强他的上进心和自尊心。当孩子的内动力得到了强化后，其学业上的进步便指日可待了。

觅见"讨巧"之心，给出学习的根本方法

现代社会瞬息万变，"日新月异"这个词已经不能表明 21 世纪科学知识更新的速度之快。因此，创新才能发展，成为全球有识之士的共识。这对人才的要求更是提出了更大的挑战，如果孩子还沿袭传统教育方式所倡导的善于学习前人的知识，努力去掌握前人的发明创造结果，而忽视创新意识、研究能力的培养，那就会跟不上社会发展的步伐。

父母在家庭教育中必须摒弃"死读书""读死书"的观念，不要一味地强调学、学、学，一旦孩子只知道学，就是在浪费他宝贵的时间和精力。因为传统知识、历史经验不能每次都帮孩子解决遇到的新问题，有时甚至会因为旧知识、过时的经验与时代相脱离，将孩子引入歧途。孩子具备探索未知的精神，获得解决问题的能力则是最重要的生存之本。

男孩乐乐有一天睁大眼睛问爸爸："我要怎么做，才能很快学到您那么多知识呢？"爸爸是一位学富五车的大学教授，听到儿子问这样的问题，笑了笑，反问孩子说："那么，你认为应该怎么样才能很快学会我所有的知识呢？"乐乐想了想后说："您最好能够一次教会我所有关键性知识，让我能够像您那样博学。"

爸爸又笑了笑，没有接着儿子的话往下说。他从桌上拿起一个苹果，放到嘴边咬了一口。然后望着乐乐，不断咀嚼着口中的苹果。过了好一会儿，爸爸才又张开嘴，将口中已经嚼烂的苹果吐在

手掌上，对乐乐说："来，把这些吃下去。"

乐乐惶恐地看着爸爸说："爸爸，这……这样的苹果怎么能吃呢。"爸爸又笑了笑，说："我咀嚼过的苹果，你当然不能吃。苹果新鲜甜美的滋味，需要自己品尝和体会。但为什么你想学到我所掌握的全部知识呢，所有的知识和学问都必须经过你本身亲自去研究和探讨呀。"乐乐这才明白，读书和学习不能走捷径，必须扎扎实实地去思考研究。

人生许多宝贵的知识需要通过自己的思考、实践来获得。父母应该学习乐乐的爸爸，以"三笑"对儿的"二问"，在孩子急于求成时讲明，学习的过程，除了你自己努力没有任何人可以代劳。只有通过知识的吸收，加上不断地反省、思考、实践，才能完成知识的积累，将所学到的化为自己独有的新知识，如此才是找到了开启智慧的万能钥匙。

"股神"巴菲特的父亲霍华德是股票经济人，在他还是小学生的时候，父亲就带他到日益兴隆的股票交易所去。在父亲的办公室里，巴菲特常常目不转睛地盯着那些收藏在印着烫金字专柜里的股票和债券单据。回到家里，巴菲特便在父亲的指导下自己动手画股价图，分析涨跌态势。在 11 岁的时候，巴菲特在每股 38 美元的价位上，果断地买进了 3 股城市设施优先股股票，还给姐姐多丽丝也买了 3 股。当股价涨到 40 美元时，巴菲特及时抛出，扣除佣金之后，第一次在股市上获得 5 美元的纯利，从此他开始了股票经济人的生涯。巴菲特的股神之路，是一条学习、实践，再学习、再实践，将个人经验与理论相结合的智慧之路。

父母带领孩子走出熟悉的、固有的生活范围，探索未知，克服对未知的恐惧，在未知领域里探讨个人发展的道路。孩子会在实践中加强洞察力和适应力。在未来的成人社会具备解决复杂问题所需的关键技能，成为大浪淘沙后仍然独领风骚的精英。

听出孩子的厌学情绪，一句话给予乐学的兴奋

学习是一个持久的过程，对孩子的意志力和兴趣度都是一种考验。如何使孩子在学校生活中保持心情快乐、兴趣浓厚、持之以恒，不单单是老师要面对的问题，也是需要父母认真研究的问题。

心理学家认为，一个孩子快乐与否，对学习过程和学习效果具有直接的决定性作用。快乐的情绪能唤起孩子的热情，激发孩子的聪明才智和创新能力，找到多种解决问题的途径和方法，从而提高学习效率，收到事半功倍的效果。

如果孩子对学校生活感到厌烦，对学习没有兴趣，父母要根据孩子的心理压力、情绪反应，想出切实可行的办法，驱除压在孩子心头上的阴霾，使其能够以一种轻松自如的心情走进学校的大门。要知道，孩子每天都带着快乐心情开始学习生活，教育才能给予他们以真诚的精神意义，并使孩子更加热爱学习。

女孩珍妮在学校的成绩一直处于中上等位置，她从来没当过"第一名"，因此产生了厌学情绪，整天一脸的愁容。妈妈见女儿幼小的心灵承受这么大的压力，心里很难过，思考着怎样才能让珍妮有所改变。

有一天放学后，珍珍又向妈妈诉苦："我真的很难过，为什么我天生平凡，怎么努力也赶不上第一名呢？我不想到学校去了。"

妈妈听女儿这么说，先是心里一沉，可她马上亲了亲珍妮的脸蛋说："宝贝，你要得第一名也很容易呀。比如，你可以每天第一个来到学校，第一个走进教室，不就行了吗。其实，第一名有很多种，你干吗非要紧盯其中一个不放呢。"

珍妮听了妈妈的话，觉得心胸豁然开朗。第二天，她"第一个"来到了学校，"第一个"走进了教室，"第一个"打开窗子让阳光亮亮地照在每一张桌子上。珍妮唱着歌把老师的讲台、教室的窗台都擦了一遍，她"第一次"得到了老师的表扬，这种类似"第一名"的喜悦让她非常开心。从此，她每天都早早来到学校，替同学们做好各种课前准备，她的学习和生活充满了快乐，也有了期待，心事重重的样子不见了，学习成绩也提高得很快。有一天傍晚放学，珍妮的好朋友伊娜问她："为什么你最近都来得这么早?"她腼腆地说："因为我每天都能体会到上学的快乐了。"

做一个耐心倾听孩子又会思考的妈妈，就必须时刻观察到孩子的心事，知道孩子是否开心。如果发现孩子不快乐就应该及时开导，避免出现更大的问题。

珍妮之所以心事重重，表明其在自我价值感方面出现了问题。自我价值感，就是人们常说的自我存在感。假如一个孩子有很好的自我价值感，就会感受到自己在集体中很重要。这样的孩子就会相信自己的能力，珍爱自己、热爱集体。如果一个孩子在集体中找不到自我价值感，就会认为自己没有用，就会对生活、对学习失去信心，一个自尊心很强的孩子，就会寻求更高的自我价值感。

珍妮因为自己的成绩不够优秀，拿不到"第一名"失去了自我价值感，因此感到痛苦，不想到学校去上学了。珍妮的妈妈通过倾听、理解、思考，找到了孩子的病根，用偷换概念的方式，让女儿重新认识到"第一名"的另外一种含义，使她在为集体服务的时候找到了更高的自我价值感，因此变得快乐起来。

父母养育孩子，还真需要会耐心倾听、察言观色的本领。了解孩子有什么心事、不高兴的原因在哪里，如此才能做到对症下药，为孩子指出更广阔的天地，使其不在自己狭小的空间内暗自悲伤。

让"飘飘然"的孩子面对现实

传说中国古代有种倾斜的器皿叫欹器。在没有装水或装水少时就会歪倒；水装得适中就端正地立在地上。里面的水装得过多或装满了，它也会翻倒。孔子见到欹器时，对他的学生说："你们往里面倒水试试看吧。"学生们听后舀来了水，小心翼翼地向欹器里灌。果然，当水装得适中时，这个器皿就端端正正地立在地上。不一会，水灌满了，它就翻倒了，里面的水流了出来。再过了一会儿，器皿里的水流尽了，就又像原来一样歪斜了。这时候，孔子便长长地叹了一口气说道："世上哪里会有太满而不倾覆翻倒的事物啊！"

这个故事的寓意是人要是骄傲自满，往往会向它的对立面——空虚转化。告诫人们谦虚谨慎才能博学多识，骄傲自大就只会腹中空空。对于全世界的少年儿童而言，在有了成绩还能沉住气、不沾沾自喜，视骄傲自大为敌者，恐怕还是少之又少。因为孩子都是单纯的，心情、思维都容易受外界环境影响而难以把持。给几句赞扬就觉得自己能上天摘星星，是孩子的天性。

英国男孩安迪喜欢阅读、头脑反应快，平时学习也很努力，但是有一个毛病，就是容易骄傲自大。有一次，他参加意大利语诗歌朗诵比赛，获得了学年第一名的好成绩。安迪高兴得手舞足蹈，一路小跑着回到了家里，进门就把朗诵稿拿给家中的保姆，对她说："阿诺夫人，你把这首诗读一遍吧。"保姆看了一眼后，诚实地说："孩子，我一个字都不认识。"安迪听了这话更得意了，告诉他的爸爸说："爸爸，这首诗我读得这么好，可阿诺夫人却一个字也不认识，哈哈，真不知道她心里现在是什么滋味。"安迪的爸爸精通欧洲五种语言，听到安迪说出这样傲慢的话，便从书架上拿出一本书，对他说："你把这本书读一下，就知道阿诺夫人心里的感受了。"安迪拿过书后看了看，傻眼了。这是一本西班牙文的书，他一个字都不认识。安迪愣怔了好一会儿，很尴尬地看了看爸爸，又看了看阿诺夫人，像是说给他们也像是说给自己："我不应该骄傲自大。"

大多数孩子都有一个共同的毛病，就是有了一点成绩后就容易骄傲，变得看不起别人。其实这很正常，毕竟孩子的阅历有限。但是，这是一个危害很大的毛病，不仅会伤害别人的自尊心，甚者还会导致自己止步不前。孩子不能超越自我，长大就会一事无成。所以，父母不仅不能纵容孩子骄傲自大，还必须让他认识到自己的才疏学浅，沉下心来认真对待学业。

书法家王羲之的一位朋友来家中做客，让王羲之让年幼的儿子小献之在扇面上写字，他有模有样地拿起笔就写，仓促之中毛笔掉在了扇子上，把扇面污染了，小献之灵机一动，只轻轻几笔，只见一只小牛犊就栩栩如生地出现在扇面上。客人对小献之的绘画能力赞不绝口。人们的夸奖更使小献之滋长了骄傲自满的情绪。王羲之夫妇见此情景，便有些忧心忡忡，决心要教育儿子养成踏实勤奋的好习惯。小献之有一天问母亲："我只要再写上三年，字就能和父亲写得一样好了吧？"母亲摇摇头。他接着问道："那……五年总行了吧？"母亲又摇摇头。小献之见母亲一个劲地摇头就急了，说："那究竟得要多长时间？""你要记住，写完院里这18缸水，你的字才会有筋有骨，有血有肉，才会站得直立得稳。"献之一回头，原来父亲站在了他的背后，一脸庄重地说道。小献之在父母面前啥都没说，暗下决心一定要把字练好，咬牙坚持了5年，他自认为已经有很大进步，可以在父亲面前显摆一下了，于是，就把一大堆写好的字拿给父亲看，希望听到几句赞美的话。

王羲之一张接一张地看着儿子的字，没说什么。当他看到儿子写的一个"大"字时，拿起笔来在下面加了一个点，成了"太"字。后来母亲看了小王献之写的这个字，叹了口气说："我儿写尽三缸水，只有一点像羲之。"小王献之听了，这才彻底折服——自己离父亲的水平还差得远呀。从此，他更加下苦功夫练习写字，终成一代书法名家。

正所谓没有人随随便便能成功，就连家学传统浓厚的王献之尚需苦练，别人还有什么理由心浮气躁呢。但是，话说回来，孩子尚年幼，偶尔沉不住气，浮就浮了，躁就躁了，无可厚非。但是，这个毛病得不到纠正，等长大了才知道人生在世，既浮不得也躁不起，就什么都晚了。毕竟积累才学的岁月已经悄然划过，此生不会再来。

对待骄傲自大的孩子，最好的办法就是像安迪的父亲和王羲之夫妇那样，让孩子意识到自己取得的成绩是多么微不足道，在学识上还有很多方面需要努力。这样孩子才会彻底认清没有什么值得骄傲的事，也会因此激励起更强烈的进取心。有些父母认为孩子获得成绩很不容易，对于孩子的骄傲行为不是很介意。其实，在知识的汪洋大海里畅游，取得一点好成绩只能是万里长征的第一步。所以，即使孩子有好表现，父母对他的骄傲自大也绝对不能坐视不管。有句名言说得好，"虚心使人进步，骄傲使人落后"，躺在自己取得的成绩单上做梦，可能刚一闭眼就被他人超越了，时不我待，只有永远努力，没有一分钟可骄傲自大。

心理学上的"卢维斯定理"可以帮助父母解决孩子骄傲自大的问题。"卢维斯定理"有两个方面的意思：（1）谦虚不是把自己想得很糟，而是忘掉自己，虚心听取他人的意见；（2）如果你把自己想得太好，就很容易把别人想得很糟。父母引导孩子"忘掉自己"能够轻松正确地看待他人的意见、成绩；不把别人想得很糟就不会把自己看得超过现实意义的"高"，如此一来孩子才会拥有淡定之心。

循孩子的哭声看过去，找到学不会的原因

社会上有这样的现象，父母是硕士、博士毕业，工作成就令人瞩目，但是他们的孩子却非常普通。这是什么原因呢？有这样两点原因，一是管得太多，面面俱到，使孩子缺乏自理能力和自主性。二是总是给孩子太大的压力，看不得孩子的成绩差，也容不下孩子犯错。知识分子的父母因自己优秀，在言行中给孩子带来了巨大的心理压力。因为父母在这方面比较优秀，不能容忍自己的孩子在这方面暂时的"笨"或成绩不好。如果一个孩子在数学上被父亲打

击，而母亲又是文科的高才生，时不时地打击孩子的文科能力。这个孩子在屡遭打击后，就会被无奈、焦虑等负面情绪困扰，逐渐对学习失去兴趣和自信心，自然也难以实现父母对他的期望。

文文的爸爸妈妈都是名牌大学毕业，他们认为自己的儿子很聪明，小学时安排他跳了一级，结果儿子因为年龄上的原因，理解能力、学习能力都比同学要差一些，这时父母才意识到自己的孩子没有自己想象的聪明，但是事已至此，只得两个人轮番辅导孩子学习。

文文读初中时，有一天晚上做几何作业，这位15岁就考上名牌大学的爸爸见儿子好一会儿也没做出来，压抑了很久的火气终于爆发了，他拍着桌子吼道："你上课认真听讲没有？这么简单的内容都学不会！"文文哭了，做不出的无助也一直压抑着他。正忙家务的妈妈也哭了。孩子在数学上明显发笨，这个问题怎么解决呢？妈妈为了找到儿子学不懂的原因，去一所中学听了几何课的公开课。在课上，她弄明白了学生听不懂课的缘由：老师在黑板指点图形的时候，有个学生正好低下头找笔；当他抬起头的时候，老师的教鞭刚离开图形。当老师评课堂练习题时，这孩子又正好被窗外传来的"当啷"一声响吸引了目光，再次错过了看懂的机会。最终，这节课的知识，这个学生直到下课都没懂，并且他没有意识到自己没懂。两次错过的时间，总共不到1分钟。想想看，如果完全听懂老师讲的对学生的要求该有多高。学生一天要听六七节课，时时刻刻与老师保持合拍是件难度很高的事情，而父母都认为认真听课是件很容易的事，孩子不会就简单粗暴地责骂他。妈妈通过听这堂公开课，猜想文文的数学老师可能觉得这个阶段的几何内容比较简单的，没有细讲，所以文文没有听懂。

从此以后，妈妈总是把数学书上的内容认真讲解给文文，他做起作业来就很容易了。遇到比较难的题，妈妈就和文文一起想解题的思路，过了没多久，文文就能比妈妈先解出来了。出现这种情况，妈妈赶紧鼓励他："妈妈的理科能力差得很，都能把几何学懂，你肯定也学得好。"文文切实体会到了从不懂到懂这个过程中的喜悦，同时也增长了信心。

有专家通过调查研究得出结论：只有约30%的学生对学习本身感兴趣，是出于内部动机来学习；而另外70%的学生是在外部动机的驱使下学习的，也就是在表扬、获得奖励、适应就业需求等外部动力的激励下学习的。出于内部学习动机的孩子的成绩比出于外部动机的孩子学习成绩好。他们在面对学习任务的时候往往更有责任心，在困难面前更有勇气，遭受挫折后能在最短的时间内恢复斗志，从而取得十分优异的成绩。而每当他们经历过挫折后又形成了自我激励机制，学习的劲头更足。

孩子是否有内部学习动机与家庭环境和父母的教育方式有直接关系。在一个充满爱心、宽容、理解的温馨家庭中，父母能够给孩子足够的尊重和信任，并且注重培养孩子的自信心和自主性，孩子往往会形成内部学习动机。过分的督促和催逼反而不利于孩子内部学习动机的形成，比如像文文爸爸，因为自己从小就有出色的学习能力，对文文用恨铁不成钢的心态进行斥责，很容易打击孩子的自信心，将孩子已经具备的内部学习动机毁掉。幸好，文文的妈妈能够设身处地地为文文着想，从具体问题入手，帮助他克服了学习上的困难。从这个案例中可以得出这样的结论，父母不仅要营造良好的家庭氛围，帮助孩子建立内部动机，还要适当地运用表扬、鼓励等方法，使孩子获得外部动机，内外并举，孩子能更快地取得进步。

"笨小孩"的憨话引关注，边走边谈助成才

"笨小孩"通常是指反应不敏捷、思绪不灵活、接受能力与自理能力较弱的孩子。他们由于经常与同龄孩子玩不到一起，往往容易产生自卑心理。又因为孤独，经常否定自己、封闭自己，性格会变得越来越古怪，这对良好个性的发展极其不利。父母如何启发和引导所谓的"笨小孩"呢？首先要与孩子形成亲密且互相信赖的关系，这是指导孩子取得进步的基础。其次要根据孩子的实际情况制订启发引导的计划，从易到难，从孩子容易做到再到不容易做到的，循序渐进。另外必须注意的是，人的智力总是存在差别的，孩子在某些事情上看起来有点笨，其实并不一定是真的笨，只是他的超常之处没有被大人或伙伴们发现，否则就不会有"大智若愚"一词了。世界上有很多知名科学家，小时候看起来就是笨小孩。父母在对待孩子是否聪明这个问题上，要细心观察，注意掌握孩子在智力方面与其他孩子的不同点，只要通过努力能够成才，就不是真正意义上的笨孩子。

梁漱溟出生在书香之家，在外人看来，他应该是个聪明伶俐的孩子。其实不然，梁漱溟看上去很呆笨，脾气也很执拗。6岁了，还没有一点生活能力。有一天早晨，日上三竿了，妈妈喊他出来吃饭，只听得他懒懒地回答说："妹妹不帮我穿裤子。"这话从门缝里挤出来，惹得全家人哄堂大笑。父亲梁济却没有笑出来，他感到对这个儿子的教育，需要做出长远的心理准备。

梁济每每见着儿子说憨话、摆笨态，从未埋怨或是厉声训斥。他觉得，越是不聪明的孩子越容易自卑，一味斥责，更会让他失去进取的信心和动力。梁济经常采取提醒、暗示的方法启发儿子，让他自己学会如何去学习，如何处理生活中的问题。

梁济提倡西式教育，他把儿子送到北京的第一个洋学堂——南横街公立学校读书。梁漱溟 10 岁时，在班级的学习成绩还处于中等以下，他曾自己总结说："几乎全部小学时期，皆不如人。"尽管这样，梁济也没有怒其不争，而是从实际情况出发，根据儿子的特点进行启发式教育。梁济经常到戏院看戏，回家后就把戏中的故事口述给儿子听，有时自己讲完了就让儿子进行复述，以这种方法锻炼他的记忆力和表达能力。

每当梁济上街办事，总是带着儿子边走边谈，向他传授各种知识，讲解做人的道理，以及遇到紧急情况时要如何应变。父亲这些循序渐进、不厌其烦的教育不仅使梁漱溟的心灵得到知识的滋养，也使他的学习能力越来越强，他过去给人的那种愚钝的形象渐渐地消失了。当他长到 14 岁时，在班上的成绩开始名列前茅。

梁漱溟的最高学历是中学毕业，他学富五车的才华多数来自于自学，他曾说："学问必经自己求得来者，方才切实受用。"梁漱溟中学毕业后任京津同盟会机关报《民国报》编辑兼记者，后应蔡元培先生之聘，任北京大学印度哲学讲师。中华人民共和国成立后任宪法修改委员会委员、中国文化书院院务委员会主席等职。

一代儒学大师，小时候竟是一个非常呆笨的孩子，让人觉得有些不可思议。如果是一般的父母听见已经 6 岁的儿子说"妹妹不帮我穿裤子"，肯定先于孩子崩溃了。但是梁漱溟的父亲不仅挺住了，还从中听出了教育儿子的重任。

事实上，许多名人、成功者在童年时并不是十分优秀，他们之所以后来取得令人瞩目的成绩，主要是启蒙教育做得好，具备很强的求知欲及学习能力。梁漱溟的父亲面对这个不开窍的儿子，没有给他很大的压力，而是用循循善诱的方法，开动脑筋，抓住一切时机向他灌输知识、培养能力。由此可见，只要做父母的不丧失信心，讲究教育的艺术，总会寻找到开启智力的方法。要相信，一旦孩子的智力被启迪，其潜能就会像火山一样喷发出来。

苏联教育家苏霍姆林斯基曾说："谁的童年被爱的阳光照耀着，那他就会去创造幸福，就会对父母的言语、对他们善良的心意、对他们的劝导和赠言、对他们的温存和警告有着特殊的敏感和接受能力。"梁漱溟的成长故事，似乎印证了这位教育家的话——在父亲的一言一行中感受到了他的爱心和智慧，从而逐渐养成了勤于自学、善于思考的习惯。

第五章

倾听孩子犯错的原因，说"不"也走心

　　莎士比亚说："最好的好人，都是犯过错误的过来人；一个人往往因为有一点小小的缺点，将来会变得更好。"孩子犯错误并不可怕，重要的是如何让孩子在错误中受到启发、获得成长，做到"吃一堑长一智"，而不是"吃一堑错几次"。父母在孩子犯了错误后，要给他机会陈述事实、反省自身的问题。当父母在把错误听清、归责后，再与孩子进行心平气和的交谈，让孩子认识到错误的根源，并立下改正的坚定决心。帮助孩子从错误中受益是重中之重，绝不能采取放纵或斥责的方式，使问题积滞下来，由今天的小错累积成明天的大错。

听出孩子的自私心理，解透"舍与得"

舍与得是人生时时处处需要面对的课题。如果只想得而舍不得，就会成为一个自私的人，自私的人在职场上得不到重用，身边亦会缺少亲朋好友，又何谈谋雄才大略。但是，想舍又需要有能舍得出的东西，这个东西既是物质的，也是精神的。"舍"需要智慧，"得"需要能力，没有能力的人无所得；缺乏智慧的人舍不得。

人在出生后，头脑里的第一意识是得。因为得到了食物，才能活下去，得到关爱才能没有恐惧，战胜孤独。得了才能成长，取知求识。从这个意义上讲，人在出生之初就滋生了自私的心理取向。因此，在孩子懂事的时候，要让其知道舍得的人生要义。

唐纳的爸爸是一位数学老师，有一天，其父亲从外面回来时带了一包糖果，唐纳特别喜欢收集五颜六色的糖纸，他对爸爸说："让我先挑一块糖纸最漂亮的吧。"爸爸说："可以。"唐纳就从中挑了一块用亮晶晶蓝色糖纸包的糖拿在手里，在他想要剥开糖纸时，爸爸已经从唐纳要糖的话中了解了他要先占为快的自私心理，对他说："你先别急，爸爸考你一道数学题，解完了再吃这块糖。"唐纳一向喜欢爸爸给他设计的数学题，而且都不是特别难，他解出后就有一种美滋滋的成就感。他听了爸爸的话也来了兴致，只见爸爸把糖都倒在了餐桌上，说："唐纳，请你在不把糖掰开的情况下，把这17块糖分成3份，第一份是1/2，第二份是1/3，第三份是1/6。"唐纳想想还真为难了。17的1/2、1/3、1/6都不是整数。唐纳说，这是个无解的题。

爸爸叹了一气说："如果是18块糖，是不是就好分了呢。"唐纳不是个笨孩子，知道这是父亲提醒他，赶紧把那块还没吃的糖拿出来，凑成了18颗，难题迎刃而解。

爸爸对唐纳说："孩子，这下你应该懂得了吧，解这道题的关键是必须舍得，如果舍得就很容易解开这道题，如果舍不得问题就难了。解题是如此，为人处世何尝不是如此呢？儿子，你要记住，人生也是一道复杂的数学题，常常需要舍得。"

唐纳在成长的过程中经历了许多事情，而每当要出现纠纷和冲突的时候，他总是表现得十分大度，使复杂的问题迎刃而解。唐纳更深地理解了"舍得"的重要性。

如果更明确地指出"舍"的内涵，就如同一个人在登山履危、行舟遇险时，先得将不必要的行李抛弃。如果这时仍然觉得有重负在身不便脱困，次要的东西也要抛弃。如果再有险境，则除了自身之外，一物也不能留。如果关键时刻仍对所携之物舍不得，那就要面临落水坠崖的命运。当然，这是用极端状态来解读"舍"，人在生活中必定很少遇到极端状态，也因此经常这也舍不得，那也舍不得，不得不承受物质的或精神的沉重负担。如果一个孩子有了这种负担，就相当于在一步步走入人生的困境。

如果一个孩子获得、索取的欲望得不到纠正，就会发生家庭悲剧。有这样一个故事。某个家庭的女儿见同学家有两辆轿车，而自己家一辆都没有，就认为自己的父母无能，心怀不满。在初中毕业升高中时，由于志愿报低了，不能到更好的高中就读，就让父母花钱转校，在父母告诉她做不到时，她就心生怨恨。有一天，女儿让母亲赔偿前一天晚上因两人吵架耽误时间的损失费 5900 元。母亲拒绝了女儿的无理要求，于是，两人发生激烈的争执。女儿上前打了母亲几个耳光，然后又用脚踢她。母亲用手阻挡，女儿在盛怒之下从厨房抽出菜刀要砍母亲，在打斗过程中母亲将女儿绊倒在沙发上。这时已经气愤至极的母亲，用力按住女儿的头，直到她不再发出声音。等母亲觉得情况不对时，赶紧打 110 报警，可惜女儿因为窒息时间太久当场死亡。

上文这个家庭悲剧，给出了这样的警示：身为父母在孩子一味地想获得时，一定要想办法遏制他的欲望，不能任其无限度地发展下去，以免发生无法挽回的后果。

孩子弄懂了"舍与得"的辩证关系，在未来的人生旅途中，舍得拿出自己的快乐给愁苦的人，快乐就会四处开花结果；舍得拿出自己的真诚给身边的人，就能结识许多坦诚相待的朋友；舍得拿出善意与大家分享，收获的就是一张张开心的笑脸。舍得拿出爱心救助处于困境的人，就会看到绵延千里的爱的风景线。舍得，是孩子从小就要懂得的大智慧。

孩子企图染上"小恶习"，用逆向思维扼制

心理学上的"破窗效应"可以让父母知道及时纠错有多么重要。"破窗效应"由美国心理学家菲利普·辛巴杜根据一项实验提出：如果有人打坏了一幢建筑物的某扇窗子的玻璃而又没有及时维

修，别人就可能受到暗示打烂其他窗户的玻璃。因此，人们要及时矫正和补救处于初始阶段的问题。父母发现孩子有错误倾向要及时制止，以免其向反方向滑得更远。

孩子在成长的过程中很容易受大人行为的影响，产生一些不好的想法。家长在培育孩子时，要引导孩子认识自己的问题，让他分清是非对错。但是，如果家长不了解孩子的生理和心理特点，只是一味地说教，有时候看似听进去了，但他们往往会这耳听、那耳出，不好的想法并没有消除，这时候父母如能用逆向思维的方法加以抑制，有时反而会取得很好的效果。

孩子有时对成人的世界很好奇，会崇拜成人的一些看似很酷的行为，因为还没有足够的分辨能力，就想效仿成人不好的习惯，如抽烟、喝酒等。这时候父母应该怎么办呢？如果只是把这些习惯不好之类的道理告诉孩子，他们未必会相信，所以，用吃苦头的方法教育孩子，也是很好的一招，让孩子真正地认识到危害，他就能扼制住不好的想法。

在杰克还是一个9岁的孩子时，看见父亲每天喝啤酒很开心，他觉得啤酒一定是非常好喝的东西，而且他觉得父亲喝啤酒时兴致勃勃的模样很帅。从此杰克就想要学爸爸的样子喝啤酒；但是，每当他拿爸爸的酒杯想尝一口时，都被爸爸制止了。

有一天，杰克痒痒的心儿终于按捺不住了。趁爸爸不在家，他想尝尝啤酒的滋味，就跟妈妈说："把爸爸喝的啤酒给我一罐好吗？我很想尝尝啤酒的味道。"

妈妈对杰克屡次想喝啤酒，被丈夫制止的事情都看在眼里。听见儿子提出要喝啤酒的要求，觉得儿子的这个想法到了非得一尝为快的地步，必须制止。她说："妈妈不同意你喝酒，酒不是什么好东西。"可是，杰克还是央求妈妈给她一罐，并说："我就尝一下就行。"这时妈妈想，如果不给他一个难忘的教训，即便是不在家里喝，他迟早会到外面买来喝。于是，她说："好吧，你要学你爸爸的样子喝酒吗？"杰克说："是的。"妈妈拿出三罐啤酒给他："你得一次喝了这三罐啤酒。"杰克听后高兴地说："没问题。"当杰克尝了第一口酒的滋味后发现，啤酒味道实在是不好喝，跟他先前想的完全不一样。可是他觉得已经跟妈妈做了承诺，只好硬着头皮喝了两罐，实在喝不下去时，他跟妈妈说，我真的不想喝了。可是妈妈并没有搭理他。她神情严肃地说："这里还有一罐呀。"说着就打开了这第三罐。当杰克喝到一半时就开始反胃了，他马上跑到卫生间把胃里的东西都吐了出来，他痛苦极了。从此以后，杰克再也没有了要喝酒的想法。

父母培育孩子需要掌握技巧和策略，用尽心思才可以让孩子形成良好的教养和行为习惯。有教育专家提出了逆向思维的观点。逆向思维也叫求异思维，是对司空见惯的似乎已成定论的事物或观点反过来思考的一种思维方式。敢于"反其道而思之"，用与常规思维相对立的方法思考问题，从反面入手，看似很难的问题轻易就可以解决。逆向思维教育法理解起来十分简单，就是用反向的角度想问题，这样就可以更有效地处理孩子在成长中出现的问题。如果杰克的妈妈，只采用正向思维的方式，告诉他小孩子不能喝酒，说一百遍也可能不会取得让他"吃苦头"的效果。

父母面对活生生的、有个性的、正处于成长中的孩子，需要采用的方法是多种多样、丰富多彩的。有表扬、奖励，也应该有批评、惩戒。因为没有任何一种教育方式是万能的，因此学会运用逆向思维非常重要。我们都知道的司马光砸缸就是最典型的例子。有人落水，常规的思维模式是救人出水，而司马光面对紧急险情，果断地用石头把缸砸破，让水离人，可见逆向思维有更好、更快的效果。但是，家长在运用逆向思维时要记得掌握尺度，既要对孩子起到警示、深思的作用，又不能伤害他的身心健康。如果把逆向思维方法用得不合时宜，就会起到适得其反、得不偿失的效果。任何事情都有两面性，父母一定要利用逆向思维的正向性，对孩子的教育做到恰到好处，如此方为上策。

察言观色，给犯错的孩子一个台阶下

人非圣贤，孰能无过？孩子在成长的过程中，自然会经常犯错，父母应该以宽容之心来对待，当孩子犯了错，应认真倾听了解实情，明白孩子的真实想法。让孩子从错误中吸取教训，从消极的经历中获得积极的认识，这样孩子才能得以迅速成长。

有个男孩经常闯祸，让妈妈很烦。这天他又闯了一个不小的祸：把水泼到了游戏机上。妈妈生气地数落了起来："每天就知道惹是生非。难道你不知道这台游戏机有多贵吗？"前些日子男孩一直嚷嚷要买一台游戏机，虽然父母觉得太贵不想给他买，但拗不过孩子的纠缠，勉强给他买了，没想到他竟然把水泼在了上面。男孩听着妈妈的责备，低着头，一句话也不敢说。旁边站着的爸爸向妻子使了个眼色，制止了她的责备。爸爸问儿子："说说你为什么要把水泼在游戏机上面？"男孩怯怯地回答说："我想是不是把水泼在上面，画面里的人就能游泳了？"男孩用泪汪汪的眼睛看着爸爸。

爸爸没有责备孩子，而是引导他从错误中吸取教训："原来你是想看一看水泼在游戏机上的变化啊。那你看，现在画面也没有了，机器也没办法开启了。你这么做对不对呢？"男孩子回答："爸爸，我错了。"男孩的爸爸很注重保护儿子的好奇心，从不阻止他在家里"闯祸"，被他摆弄坏的东西都成了他的教具。这个男孩后来考上了一所著名的高中，为成为科学家的梦想努力着。

父母对孩子因好奇心和探究心理而犯的错，要用愉快和包容的心去接受。如果孩子能从自己的错误中学到知识和技能，从实践中培养做科学研究的素质，就不要因为其造成了一些损失而折断孩子创意力的幼芽。犯错误是人生基本的学习过程，也是其成就某项事业的前提。哥伦布在去印度时因失误漂过茫茫大海，发现了美洲大陆。居里夫人因为实验室里的一次失误而发现了镭。这样一想，父母还会批评孩子因探究未知所犯的错误吗？孩子的好奇心得到发挥，探究心理得到保护，才有可期待的开拓创新、发明创造的能力增长。

宽容还是对孩子的尊重，每个孩子都有自尊，都要面子，宽容孩子的错误不仅是一种鼓励，有时还是一种救赎。

澳洲小提琴家布里奇斯，一次在自己的别墅里碰巧堵住了一个偷他小提琴的少年，正想捉住时，突然看见那少年眼里充满了惶恐和绝望。就在这一瞬间，他感受到了这个孩子内心的单纯以及对音乐的爱，他马上改变了捉拿他的想法，脸上的怒容被微笑所代替，继而装作"恍然大悟"地说："哦，你就是拉姆先生的外甥鲁本吧？前两天我听拉姆先生说他有一个住在乡下的外甥要来，一定是你了，我是他的管家，这把小提琴就送给你了。"

几年后，在墨尔本高中音乐比赛的颁奖典礼上，一位获奖者突然跑到应邀担任评委的布里奇斯面前，手里捧着一只琴满脸通红地说："布里奇斯先生，您还认识我吗？您曾经送给我一把小提琴，我一直珍藏着，直到今天。现在，我可以无愧地将这把小提琴还给您了……"原来，他就是"拉姆先生的外甥鲁本"——夺得了比赛第一名的梅里特奇。

如果布里奇斯片面轻率地认定梅里特奇是个小偷，直接把他扭送警察局，让他得到法律公正、无私的惩办，那他还会有三年后的成功吗？在孩子成长的过程中，由于认识的不足或一时的糊涂、冲动，犯下一些看似不可饶恕的错误，而作为父母应该学习小提琴家布里奇斯，伸出宽容、善良的感性之手，把他拉到正确的道路上来，让他重新拾起做人的自尊，重新树立人生的信念。而千万不能因为他们一时犯错就进行人格定性，这样将毁了他们的一生。

听出孩子的逃避心，用行动强化责任担当

美国品德教育专家麦克唐纳说："能力不足，责任可补；责任不够，能力无法补；能力有限，责任无限。"经常对孩子进行责任心和价值感的教育就是让孩子从小学会对自己负责，对他人负责，长大后能够对社会负责。

如果一个孩子从小没有培养出责任心、价值感，长大了就不能带领团队成就事业。但是，孩子的责任心并不是凭空而来的，需要父母在日常生活中用心播种与培育。

聪聪的爸爸噼噼啪啪地在电脑上写文章，写到文思泉涌的兴头

上，聪聪一脸焦急地跑进来，说："爸爸，我又惹祸了。"爸爸只顾在电脑上敲字，似乎没有听见儿子说的话。聪聪见状哭了起来。爸爸这时才注意到了聪聪，忙说："儿子，你怎么了？"聪聪说："我又惹祸了，踢球时不小心把球踢进了隔壁张阿姨家，把他们家花房的玻璃打破了。我不敢去把球拿回来，爸爸您去帮我拿回来，好吗？"聪聪是个很淘气的男孩子，经常弄出一些问题需要父母给他"善后"。爸爸听了儿子的话，停止了写作，思考怎样处理这个问题。他并没有表现出很生气的样子。他对聪聪说："孩子，我可以赔邻居钱，然后去把球给你拿回来，但是，这件事不是这么简单的。打坏邻居家的玻璃是你犯的错误，你要有责任担当，不能逃避。我陪你一起去和邻居道歉，然后买一块玻璃帮他们家把花房修好，再把球拿回来，好不好？"

聪聪的爸爸带着他来到邻居家，聪聪先向这家的女主人鞠躬道歉："张阿姨，对不起，我不小心把你家花房的玻璃打破了，我向您赔礼道歉。"女主人很惊讶地说："噢，我听见外面有响声，还不知道是玻璃破了。你真是个好孩子，做错事能主动承认。"这时聪聪的爸爸说："真的不好意思。我和聪聪去把玻璃的尺寸量了，然后买块玻璃给您换上。"女主人十分客气地说："不用，这样的小事情，我们自己处理就行了。"聪聪的爸爸说："这是我们应该做的。现在大家都很忙，怎么能让你们为聪聪的错误买单呢。这件事必须由我们来'善后'。"女主人听聪聪爸爸这么说，就带他们来到花房，量了尺寸。聪聪的爸爸带着他到卖装饰材料的商店买了一块玻璃，又为邻居家安上。聪聪抱着足球跟爸爸回家时，爸爸对他说："在你们小孩子眼里，什么事情都很简单，只想到把自己的球怎么拿回来，不会想对方的感受；但是，无论是小孩子还是大人，做错了事情必须要去弥补给别人带来的损失，这是为自己的过失承担责任，你记住了吗？"聪聪说："记住了。"

责任意识是人的能力素质中极其重要的一部分。如果一个人的责任意识很强，就可以主动地完善自我，奋发上进。一个人也只有责任意识强，才会对自己负责，对他人负责，对家庭负责，对社会、对国家负责，做一个有益于他人、有益于集体、有益于国家的人。也只有这样，才能充分体现个人的人生价值。孩子年少无知，他们的责任意识不强，或者说没有责任意识，必须依靠父母对他们进行培养教育，使责任意识牢固地扎根其心田。值得注意的是，培养孩子的责任意识只靠说教是不行的，必须付诸具体的行动。

据媒体报道，美国一个小学生因破坏性行为受到停乘校车一周的处罚，孩子只好每天步行上学。有人问他的母亲为什么不用家里的汽车送他去上学，孩子的母亲坚决地说："不，他应该对自己的行为负责。"

孩子的责任意识只有在反复的实践中才能得以强化。因此，父母要给孩子机会，让他对自己、对家人、对集体承担责任。只有多为孩子提供实践的机会，孩子才能逐渐提高自身的责任意识，得到宝贵的心理体验。承担责任的机会多了，心理体验加深了，孩子的责任意识自然会得到强化和提高。

心理学上的"杜利奥定律"可以帮助父母引导孩子增强责任意识。"杜利奥定律"指的是，原本人与人之间很小的差异却能造成巨大的差异。小差异表现为心态是积极的还是消极的，而由此造成的巨大的差异则是成功与失败。父母要引导孩子从小就不做一个消极的回避责任的人，将来才能以积极的心态面对人生，承担更大的责任。

让孩子进行自我反省

自我反省，简称自省。是主动评价自身的情绪、动机、欲望、个性、意志的行为。父母经常引导孩子进行自省，主动说出其自身存在的问题，能使孩子形成正确的自我意识，培养其自尊、自律和自制的能力。但是许多父母认识不到自省的重要性，也不引导孩子学会自省。当孩子做错了事时，反复地说诸如"你怎么这么不懂事""你为什么不长记性"等刺伤孩子自尊心的话。父母说这样的话，是想让孩子能尽早懂事，成长的步子快一点儿。结果事与愿违，这些替孩子反省的话，妨碍了孩子进行自我反省、自我修正，导致孩子总也没有多大的长进。可以说，家长教育孩子时的喋喋不休，而不是倾听孩子的自我反省，是教育方式不正确、教育艺术欠缺的行为。

胡适4岁的时候父亲便不幸病逝了，母亲冯顺弟便担负起了教育子女的重任。冯顺弟经常以曾子名言"吾日三省吾身，为人谋而不忠乎，与朋友交而不信乎，传不习乎?"等名言来鞭策儿子。

每天临睡之前，冯顺弟都坐在床沿上，叫胡适站在床前的搁脚板上，让他说说一天做错了什么事，说错了什么话，该写的字帖是否写完了。她还经常对儿子细述他父亲生前如何注重个人修养，并语重心长地对他说："你总要沿着父亲的人生标准做人，做一个品学兼优的人，不丢他的脸。"教导完儿子以后，要让胡适默思几分钟，再自省一番后，才叫他回自己的房间睡觉。

尽管胡适小的时候比较听母亲的话，学习也勤奋刻苦，但是也有调皮捣蛋的时候，但母亲冯顺弟从来不在人前责备他，只要她用严厉的眼光一横，胡适就被吓住了。当晚上胡适到母亲面前自省时，她关起房门狠狠地教训儿子，有时罚跪，有时拧他大腿几下，但不许他哭出声来。

在一个秋天的晚上，胡适只穿着单薄的衣裤站在庭院里看星星。母亲关切地说："天凉了，快进屋穿件夹衣吧。"胡适此时看星星看得很投入，竟与母亲顶嘴说："凉什么？我又不是个怕风寒的老人。"想不到这句话刺伤了母亲的心。在深夜站在母亲面前自省时，说自己不应该这样对母亲说话，流下了悔过的眼泪。

胡适的母亲可谓"驯子"高手，不仅用自省的方法把儿子培养成才，也使她自己成为一位了不起的母亲。

当孩子犯了错误时，家长就要进行教育。有的家长认为孩子年幼，情感脆弱，身体稚嫩，需要正面引导，采用以说服、讲道理为主要的教育方式。但是由于小孩子的理解能力、记忆能力很弱，所讲的道理未必都懂，也不一定因记住了错误的严重性以后不犯，因此说服、讲道理的作用不一定很好，而让他日日自省，并进行合理的惩罚，就更有效果了。

说服、讲道理与惩罚是教育孩子的两种互相对立、互相促进，而且相辅相成的教育方法，只用一种方法的教育效果往往不好。两种方法结合使用，更容易让孩子彻底改正错误。

胡适幼年丧父，在没有父亲严厉管教的环境下，如果母亲对他犯的错误仅仅采用不疼不痒的说服教育，恐怕难以奏效，这时让他跪地思过——适度的体罚，就是非常好的方法。

家教是一门复杂的学问，家长要根据孩子的情况采用最得当的教育方法，多听听孩子的自我反省，也可能使孩子改正错误，做到日日有进步，年年长才干。

听孩子的诉求，培养独立自主

美国心理学家戴尔说："孩子需要一定的空间去成长，去试验自己的能力，去学会如何对付危险的局势。不要为孩子做任何他自己能做的事。如果我们过多地做了，就剥夺了孩子发展自身能力的机会，也剥夺了他的自立能力和自信心。"父母要放手让孩子做力所能及的事情，给孩子创造参与实践的条件和机会。但是，现实生活中许多父母出于想让孩子生活好一点，不要像自己那样辛苦的想法，尽可能地满足孩子，包办孩子他自己能做的事情，忽略了孩子成长的真正需求。孩子从有好奇心、想动手参与，到心安理得地享受父母给予的一切。一些珍贵的品质，如博爱、尊重、责任、义务、奉献等会悄悄地从孩子的心灵中淡化。父母应为孩子创造更多的机会，让他自己去面对所遇到的问题，主动找到解决问题的办法，在实践中提升综合素质。

小学生李想的同桌最近让他很心烦。有一天放学回家，李想对爸爸说："我的同桌太讨厌了！一见面就翻我的书包，看见好看的贴纸、好玩的玩具就拿去玩，什么时候玩够了才还给我。就这还不算什么大事，让我无法忍受的是，上课时他总跟我说话，还抢我的铅笔，不让我好好写字。爸爸，你去找班主任老师说说，给我调一下座位。"李想的爸爸听了儿子的话思考了一会儿，觉得调座不是解决问题的办法，但也希望儿子向老师反映情况，表达自己的想法，再通过老师找到合适的解决途径，使他免于受干扰。他对儿子说："我跟你们班主任老师很熟，如果我去找她，肯定会给你调座位。但如果你将来读中学、大学甚至工作时，遇到了类似意想不到的难题也让爸爸去解决吗？你想想，不让爸爸帮忙，怎么解决问题呢？"李想寻思了一会儿说："当然是找老师解决了。"爸爸点点头说："你这么想就对了。"

李想自己去找班主任老师说明了情况，老师通过说服他的同桌，并与家长沟通后，使他的同桌得以遵守课堂纪律。问题得到了解决，爸爸夸赞了儿子一番后说："以后遇到任何问题，都要首先想到自己去解决，而不是总想着求助别人。"李想说："好的。我记住了。"

无论是成人还是孩子，都有不同程度的依赖心理。如果有第二个人在身边，就希望仰仗他去做事，而自己更想成为那个享受成果的人。依赖心理使人盲目地以为他人应该帮助自己解决问题，而不是亲力亲为。

依赖心理来自婴幼儿时期的生存依赖，由于离开父母就要挨饿，就无法穿衣、玩耍、行走，在最初的印象中保护他、养育他、满足他一切需要的父母是无所不能的。孩子一切必须依赖父母，总怕失去父母这把保护伞。这个时期如果父母过分溺爱，舍不得放手，不让孩子有自理、自立的机会，长此以往，孩子就会逐渐产生对父母的过分依赖，成年以后依然不能自主、自立、自强。由于依赖成了习惯，孩子就会缺乏自信心，总是依靠他人来做决定，不能负担起选择、决定的责任，从而形成依赖型人格障碍。

存在着依赖型人格障碍的人，以"吞噬"别人的情感、判断、决定为人生目的。情感、行为、思想是完全受制于他人的，靠他人的情感、判断、行为左右自身的喜怒哀乐。又由于心理资源有限，只能一味地为自己着想，表现得特别自私，他们很难对别人表示感激和关爱。孩子的依赖心理是自立、自信的大敌。因此，父母要加强孩子的独立自主意识培养，让其多一点独立，少一点依赖。父母积极主动地激发孩子自动、自发的精神，比给孩子传授一大堆具体的知识，更能提高其独立自主的能力。

美国总统罗斯福的儿子詹姆斯，有一次独自去欧洲旅行。归来之前，他看到一匹好马，便用手中的余款买了下来，然后打电报给父亲，让他汇旅费过来。罗斯福给他回电话说："儿子，你和你的马游泳回来吧。"詹姆斯的请求在父亲那里碰了钉子，不得不再将马卖掉，买了船票回家，从此他懂得了这个道理："自己长大了，不能事事要求父亲帮助。"

罗斯福在儿子向他求助时，只说了一句幽默风趣的话。但是，谁都能听得出，这句话既有批评，也明确指出了儿子应该怎么做，堪称一语中的。

如果孩子不肯自己成长，父母就要推一把让他向前走，不要让他瞻前顾后。父母总会有力不从心的时候，也总有一天要离开孩子。孩子只有适时成长，早一些展翅高飞，才能在搏击风雨的旅程中体验自食其力、自我发展的快乐。

心理学上的"相关定律"，可以帮助父母引导孩子解决自己的问题。"相关定律"是指，世界上的每件事情之间都具有一定的联系，没有一件事情是完全独立的。要想解决所遇到的难题，最好从与其相关的几个方面入手，而不只是专注在难题本身。如果孩子懂得运用"相关定律"，遇到问题时就会从多个角度入手，而不是只认准求助父母这一个方向。这对孩子开拓思维、形成自我管理的能力，有着非常重要的指导意义。

听孩子痛苦呻吟，找到以趣为诫的良策

汉代哲学家徐幹曾说："导人必因其性，治水必因其势，是以功无败则言无弃也。"对于父母而言，如果教育孩子时不能做到"因其性""顺其势"，不但达不到纠偏和"治病"的效果，还很可能使错误的行径愈演愈烈。

每个孩子有每个孩子的特点，每个孩子也都存在不同的毛病和缺点。身为父母需要明白的是，孩子身上的毛病和缺点是千差万别的，在对孩子进行劝导和教育时，不能用模式化的方法，或是死守着说服教育的成规施教，而是要进行深入细致的分析，根据孩子的兴趣爱好、性格特点制定有针对性的方法，做到适时施教，如此才能收到事半功倍的效果。

著名文学家郭沫若4岁时开始到私塾读书。正像所有头脑聪明的孩子一样，他兴趣广泛、活泼好动。私塾里的沈先生教学生背诵《三字经》时，郭沫若对每天都背诵"人之初，性本善……"觉得实在是枯燥无味，第三天他就开始逃学。当他的父亲发现儿子逃学时，就提着衣领再把他送回去，认为"板子下面出公聊"的沈先生就用"打板子"来惩罚他。

有一次，郭沫若的头上被打得起了好几个大包，晚上睡觉时一碰枕头就疼得"哎呀""哎呀"地叫，翻来覆去折腾好久也不能入

睡。母亲杜邀贞听着儿子的呻吟声，心疼得直流眼泪，她几乎一夜没睡。孩子总逃学，不改正就得天天遭罚，怎么才能把他的这个坏毛病治住，让他好好在学堂里读书呢？等到天快亮时，杜邀贞终于想到了一个好办法。

杜邀贞把儿子带到学校后，她对沈先生说："我儿喜欢背诗，他再不听话，何不由体罚改为'诗罚'呢？也许换个办法，他就能好好读书了。"杜邀贞的话让沈先生大受启发，每当郭沫若犯了错误，他就要罚他背《诗经》《唐诗三百首》等名诗，有时还罚他对对子。郭沫若对这种"诗罚"不仅反感，还在背诗的过程中领悟了要认真对待学业的道理。比如"路漫漫其修远兮，吾将上下而求索""少壮不努力，老大徒伤悲""莫等闲，白了少年头，空悲切""旧书不厌百回读，熟读精思子自知"等诗句，不仅郭沫若喜欢得不得了，还通过沈先生的讲解，明白了刻苦读书的道理，渐渐改掉了逃学的毛病。

《弟子规》中说"墨磨偏、心不端，字不敬、心先病"，这两句话揭示的是行为和心理的关系。墨磨偏了，失误不在手上而在心态上；字没写好，也不是纸张和环境的关系，而是功夫不到家。父母在教育孩子方面要在"心理"上下功夫，不要只做表面文章，在方法上要注意从孩子感兴趣的事情上入手。俗话说"兴趣是最好的老师"，郭沫若母亲在听到儿子的呻吟时，那才叫疼在儿子的身上，办法转在妈妈的脑子里，她提示给老师"诗罚"的妙招儿，是根据他的兴趣所在因势利导，使他"改邪归正"。从现代心理学的视角看待郭沫若的母亲，可谓是倾听孩子的专家了。让一个孩子从爱逃学回归到书桌旁，在学业上有了大的起色后，也明白了要认真读书的道理。

有心理学家把儿童的性格特点分为四种传统气质：抑郁质、胆汁质、黏液质、多血质。抑郁质的孩子属"闷骚"型，反应和表达都迟缓。胆汁质孩子好挑衅、易怒、脾气暴躁等。黏液质孩子情感不外露，表面上给人有点傻乎乎的样子。多血质孩子活泼开朗、主动性强、精力充沛。郭沫若性格就属于多血质类型，母亲在进行诚勉教育时，采用扬长避短的方式。如果父母在对自己的孩子性格特点把握不准时，可以根据这四种气质分类，对自己的孩子进行准确定位，进而研究出切实可行的办法，使孩子很快改正毛病和缺点。

从吵闹中识劣性，"关禁闭"让他走正道

性情顽劣的孩子不仅是学校教育的一大难题，也经常让父母陷入无计可施的困境。随着家庭危机、父母离异、留守儿童等社会问题的积累，现在的一些孩子情感空缺、情绪不稳定，经常以玩酷称大、攻击他人来表现自我意识。这样的孩子不爱学习、不服从管理，经常做一些顶撞老师、逃课上网、抽烟酗酒等违规的事情，对于家长苦口婆心的教导他们从不在乎，顽劣行为反复，对于这样的问题孩子，父母该如何施教呢？其实，家庭教育本来并没什么固定的模式，对不同性格的学生，不同的成长环境，所采用的教育方式都会有所不同。对于性情顽劣的孩子首先要用劝诚引导的良方，其次要进行适度的惩罚。每一个顽劣孩子的出现必然有环境因素，这就要求父母探寻根源后对症下药。只要找准了原因，选对了方法，有针对性地选择教育的方式和时机，就能收到理想的教育效果。

万斯同年幼时母亲去世，失去管教的他非常顽皮。有一天家中来了几位贵客，他一身尘土地从外面跑回来，让学者出身的官员父亲很尴尬，也遭到了兄长的批评。如果是听话的孩子，事情也会到此为止，但是性情顽皮的万斯同一气之下，掀翻了宾客喝茶的桌子，还狡辩说："我不就是出去爬树掏鸟蛋了吗，别人家的孩子能玩这个，我为什么不能玩？"他这副没管教的样子，让父亲在贵客面前丢尽了颜面。

万斯同之所以由顽皮到了顽劣，还与他没有接受正规教育有关。由于在战乱逃难时损失了大部分家财，父亲没有钱为万斯同单独请教师，就让他跟随兄长们一起学习，但是生性顽皮的他，所到之处东西都被毁坏，读书也坐不住板凳，兄长都很讨厌他，他也就不喜欢跟兄长们一起学习了。

万斯同在宾客面前出尽洋相后，父亲把他送到僧舍寄养。为了处罚他的顽劣，僧人把他关在一个空屋子里让其闭门思过。独处一室的万斯同，没有什么可玩的，就去翻书架上的几本书，读着读着就来了兴致，没几天就把所有的书都读完了。

被关过"禁闭"的万斯同，向父亲承诺以后不再顽皮，认真读书，于是父亲把他领了回来。有一天，兄长们在书房写文章，万斯同想参与进来，但是长兄讥笑他说："你这个小顽童懂什么？别乱掺和。"万斯同回答说："我读过许多书了，看你们所作的文章，都很普通。"长兄听了这话调侃说："既然如此，让我来考考你。"于是给他出了一道作文题，万斯同拿起笔来洋洋洒洒，一挥而就。长兄看后非常吃惊，读着读着竟感动得流下了泪，马上把文章送给父亲看，说："我不知道小弟如此有才华。"父亲看过后也吃惊地说："不能再耽误他了，节衣缩食也要送他去读书。"于是当天就为万斯同买了新衣新鞋，送他到附近的私塾去了。

万斯同厚积薄发，读书十分刻苦，终成一代知名学者。康熙决定编纂《明史》时，万斯同被任命为翰林院纂修官，《明史》书稿五百卷都由万斯同亲自审定成书。

对于顽劣的孩子，简单的说教不起作用时，惩罚是使其惊醒、认识错误的重要方法。万斯同的父亲把他送到僧舍"关禁闭"的方法，终于让他认识到了自己必须改掉缺点，把心思放在学业上。

"关禁闭"是一种很好的惩罚措施，在如今的美国非常流行，他们称之为"计时隔离法"。当孩子在家胡闹或者和小朋友打架时，父母就会把他送进他自己的卧室，让他独自待上3分钟。3分钟后，父母会准时让他出来，并借机对他进行说服教育。这种教育方法不仅有效而且对孩子具有一定的威慑力，因美国法律规定，小孩必须随时有成人陪伴和保护，孩子很少有被冷落或孤立无援的感觉。而一旦被隔离就受到了"冷落"，会从心理上产生强烈的震撼。还有一种心理原因是，小孩子一般都具有较强的群体意识，被隔离了就意味着淘气、打骂是不为大家所接受的，使孩子能够冷静地反思自己的错误行为。

父母在如何惩罚孩子这个问题上，可借鉴心理学上的"热炉法则"。"热炉法则"来源于这样的事实：无论任何人用手去触碰烧热的火炉，都会被烫到。寓意是：在规章、规则面前人人平等。处罚应该与特定的过错相联系，而不应与犯错者的人格联系在一起。父母要知道惩罚不是目的，而使其改正错误才是目的。父母不要为了惩罚而惩罚，而是要用惩罚的手段触动孩子的心灵，使其省悟、知错，以此为戒，永不再犯。

听孩子撒谎，找出"病根"对症下药

加拿大一位教育专家经过多项研究发现，小孩子撒谎是一种正常的智力行为。孩子稍微懂事后就开始撒谎，有的孩子会从 2 岁时就开始，一路撒下去，到 12 岁达到顶峰。智力发展快，认知能力强的小孩更喜欢撒谎，因为撒谎首先需要牢记事实真相，然后再对事实进行加工处理，思考成熟后再抛出谎言。孩子巧妙又成功的撒谎，需要更强的思维能力和逻辑推理能力。但是，这并不意味着家长对孩子撒谎可以听之任之。如果小孩习惯了撒谎，就会影响到正常人格的形成以及良好道德品质的养成。

通常情况下，小孩子的撒谎被称为无意识撒谎，也叫作幻想性撒谎，还有专家认为撒谎是将现实与想象混淆的一种精神现象。小孩子撒谎的起因，一般来自于某个特别强烈的愿望。这时候家长要根据这种愿望是否合理，有针对性地做好诚信教育，把孩子这种幻想性撒谎纠正过来，培养他诚实守信的人格素质。

司马光小时候是个非常聪明的孩子，大家对他砸缸救人的事赞不绝口。由于表扬听得太多了，渐渐有了虚荣心。

有一天，司马光和姐姐一起摘了许多核桃，回到书房里吃。司马光把核桃仁放嘴里嚼了几下就吐了出来："哎呀，这核桃怎么这样涩呀。"姐姐看他那副难受的样子就笑了，说："你犯傻了不是。核桃仁外边黑色的那层嫩皮要剥掉才好吃。"听了姐姐的话，司马光拿起一个核桃剥皮，可那皮粘得很紧，怎么也剥不下来。姐姐出去了，他还在那里用小手慢慢地抠。一个侍女进来看见他那费劲的样子，就告诉他一个好方法：先把核桃仁用开水泡一下，再一搓，黑色的皮就掉了。司马光按她说的做，果然轻而易举地剥掉了黑皮。姐姐回来后，看到这个好办法，忙问这法子是从哪里得来的。司马光得意地说："是我自己想出来的。"姐姐连声夸他真聪明。

在隔壁书房写文章的父亲司马池听到了这一切，不由得为儿子紧皱眉头，心想这孩子最近变了，居然为了满足虚荣心随口撒谎，必须要严加管教，否则长此以往，人品肯定会出现问题。

司马池来到姐弟俩面前，严肃地问司马光："这剥核桃的好法子果真是你自己动脑想出来的吗？"司马光在父亲严厉的追问下脸色通红，支支吾吾地不回答。父亲就对司马光说："你刚才说的话我都听见了。一个人聪明当然很好，但诚实更重要。擅于说谎的人不是聪明人，而且会因为不诚实失去别人的尊重和信任，哪还有什么美德可言。没有人喜欢爱说谎的孩子。"司马光低下了头，小声说："我错了，我以后一定不再说谎了。"

被父亲批评后的司马光，以此为戒，让诚实守信的品德在心理扎下了根，成为后人敬仰的人。

对孩子进行诚信教育的时候，一定要注意孩子的第一次说谎。正所谓"锣鼓听声，说话听音"，司马光的父亲从儿子的谎话中，听出了其道德修养的大问题，便立即进行了训诫。

父母在孩子撒谎时必须告诉他，撒谎得到的只是自欺欺人的短暂快乐，而失去的却是父母、老师、同学的信任。如果犯错误时以撒谎掩饰真相，或许一时能蒙混过关，但真相迟早会被他人发现，从而遭到人们的斥责。值得注意的是，在孩子表示今后要改正错误后，父母一定要表示赞同，表示对孩子的决定深信不疑。这样，孩子会受到鼓舞，彻底改掉说谎的毛病，逐步养成诚实守信的好习惯。

当觉察到孩子说谎时，要分析孩子说谎话的动机，帮助他认识说谎的危害性。父母可以表明自己对说谎的行为非常反感，如果说谎了，要向家长承认错误。对于经常说谎的孩子，父母可以进行适当的惩罚，比如孩子经常去网吧玩游戏，父母可以停掉他一个月的零花钱或是一些时间的自由。惩罚是为了让孩子意识到说谎的严重性，但不要进行体罚。而是要像司马光的父亲那样针对现有的事实向孩子进行讲解，使孩子懂得和感受到没有必要说谎。

第六章

倾听时找到关键点，打气鼓劲更精准

物理学中，把物体发生状态变化时的温度称作临界点。如常压下水变成蒸汽的温度是100℃，这个温度就是水的临界点。心理学上有个临界点效应，是指心理状态达到一定的程度就会产生心理上乃至生理上的改变，比如过度兴奋会引发乐极生悲的现象等。父母对孩子的表扬也要找准临界点，做得不到位起不到激励孩子进步的目的，如果表扬过度，就会起到相反的作用。要想把表扬和鼓励做得精准有效，就要认真了解孩子的实际情况，在"临界点"上发力，使孩子在认知上实现自我超越。

听懂孩子的想法，打个手势给他加油助力

倾听孩子，是为了知孩子所知，悉孩子所好，懂孩子所想。目的虽然很简单，但是想通过倾听弄懂孩子并不是一件易事。也许很多父母持有这样的想法：孩子的思维单一，想法简单，成年人觉得能十分容易地弄懂孩子的那点小心思。其实不然，因为父母是以成人的视角、成人的经验和判断力去看待孩子，往往一开始就错了，怎么还能让孩子的想法直达你的大脑呢？所以父母要动用理解、分析、判断等所有大脑功能，才能基本上了解孩子、理解孩子，想出最合时宜的办法帮助孩子。

逗逗由爸爸、妈妈带着参加社区里组织的儿童游戏，首先开始的是"开火车"游戏。逗逗小脸红红的当起了"火车头"，带着一队小朋友向前跑，玩得很开心。可是没多大一会儿，他突然停下不动了，后面的小伙伴也跟着停了下来，不管大家怎么催促，逗逗就是笑眯眯地站着不动。

爸爸的急脾气一下就上来了，走到逗逗身边说："大家都催你呢，你怎么还不快点跑呢？"逗逗还是站着不动。妈妈过来摸摸儿子的头，说："宝贝，你可以告诉妈妈为什么停下来吗？"逗逗回答说："我的火车没油了。""嗯，妈妈现在给你加油。"说完做了一

个加油的动作，然后问道："现在可以开动了吗？"逗逗高兴地说："马上出发。"就这样，逗逗带着小朋友们重新开心地奔跑起来。

在现阶段除了人力车，还没有什么车可以不用加油一直跑下去，这是每一个成人都懂的道理。可是为什么当扮演火车的逗逗做出这么合情合理的动作时，反而受到了爸爸严厉的批评呢？答案很简单，爸爸先入为主，用自己的评判标准对孩子做出了错误的判断。

父母与孩子相处时，当孩子的一些语言和行为有些奇怪时，不要急着发脾气。要时刻提醒自己，孩子是一个独立的个体，他有自己看问题的角度和方法。要静下心来，耐心倾听孩子怎么说。

专家指出，在人际沟通中做到懂其心，才能知其意；知其意，才会知其行。这是父母在与孩子沟通时要具备的基本能力，也是达到沟通目的最实际、最有效的方法。可是，现在却有太多的父母不懂孩子的心，不明白孩子的意思，不清楚孩子的行为。以至，孩子出了严重的问题时，父母还稀里糊涂，不知道是怎么回事。有的父母甚至还会把责任都推给孩子，怪孩子不懂事、不听话。有教育专家将父母与孩子的沟通比作用锤子砸锁。最终锁不仅开不了，还有可能会被砸坏，锁坏了可以换一把，如果亲子关系出现矛盾就很难修复了，即便是父母通过努力重新建立关系，孩子的心里也会留下磨灭不掉的阴影。

在遇到需要与孩子沟通的问题时，父母不要充当锤子的作用，而是要做一把钥匙，一把能够打开孩子心灵之锁的钥匙。这就需要父母在平时和孩子沟通交流的时候，多倾听，多听听孩子的内心世界，体会孩子的内心感受，在做出决定之前，征求一下孩子的建议，并且能够尊重孩子的想法，父母也只有这样做，才会得到孩子的尊重和认可，才能够和孩子保持沟通的畅通。

倾听孩子是沟通的桥梁和纽带，是增进亲子关系的一条有效途径。也只有通过有效倾听，父母才能够了解孩子的所思所想，才能够掌握孩子言行背后的动因，也只有做到这些，父母才能真正弄懂孩子，把话说到孩子的心里去，给孩子的成长以有力的支撑。

鼓励的话一语中的，消除孩子的自卑感

爱尔兰著名作家萧伯纳有句名言："有信心的人，可以化渺小为伟大，化平庸为神奇。"信心是成就任何事业的起始条件。对于孩子而言，他们的自信心能对生活的各个方面产生一系列影响。有了自信心，孩子的脸上就会有灿烂的笑容，走路时就会有坚定的脚步，生活中就会绽放出精彩乐章。所以，父母要注意培养孩子的自信心。

培养孩子的自信心要以提高孩子对自身的认识为基础。孩子只有认识到了自己的优势，才会相信自己能行，才敢于去尝试新事物。而帮助孩子认识到他拥有的长处、优势、成就的最有效方法，就是真诚地以恰当的方式评价、赞美孩子。

在万物复苏的春天，甜甜的老师发给每个孩子几粒南瓜种子，告诉大家带回家去种。并强调说，到了收获的季节，学校举办南瓜节，大家要把自己种的南瓜带到学校来参加评比；父母也要巧施妙手，带来用南瓜制成的各种食品与大家一起分享。

随父母刚来美国不久的甜甜，是第一次参加学校组织的种南瓜

活动。甜甜在妈妈的指导下播种，随着小苗的出土，她按时浇水、施肥，希望自己种的南瓜长得又大又好看，能得第一名。可是在秋天将要到来时，甜甜很沮丧。因为她种出来的两个南瓜，一个长得太小，一个长歪了，一点儿都不好看。"这么丑的南瓜，一定会被小朋友们笑话的。"甜甜站在菜园里看着南瓜，竟然落泪了。

到了南瓜节那天，甜甜磨磨蹭蹭，怎么也不愿去学校。妈妈微笑着对他说："甜甜，你看，你这两个南瓜多有特点啊！这个小而结实，金黄的颜色多漂亮啊！那个好像在扭腰跳舞呢，看一眼就再也不会忘记。它们都是你亲手种出来的，你应该为自己感到骄傲。我相信老师和同学也会为你高兴的。"听了妈妈的话，甜甜开开心心地抱着两个南瓜和妈妈一起去学校参加南瓜节。

评比时老师给甜甜的南瓜系上了红色的绸缎。一个是"最小南瓜奖"，另一个是"最美姿态南瓜奖"，两个南瓜都留在学校的展览馆里展出。

其实，在学校举办的南瓜节上，奖项非常繁多，诸如"最大南瓜奖""最炫南瓜奖""最可笑南瓜奖"等。老师悄悄对家长说："因为每一个南瓜都有自己的特点，都是每一个孩子用心种出来的，所以每一个南瓜都有奖。"

经过南瓜大赛后，甜甜爱上了种植，在家里的花房、院子种了很多花花草草，还通过种植学到了许多与植物有关的知识。更重要的是，妈妈发现南瓜比赛大大增强了甜甜的自尊心和自信心，她相信自己是值得被夸奖的、值得被爱的。她不再像刚来到美国时那样，不敢和小朋友交往、不敢大声讲话，而是变得积极又活跃，学习成绩也越来越好。

孩子的自信心受周围环境、身边人对他评价的影响很大。而自信心又会转而影响孩子其他各方面才能的提升。研究显示，那些经常得到表扬和鼓励的孩子，性格开朗、好奇心强，愿意探究、尝试新东西，遇到困难不会轻易放弃努力。自信心很强的孩子喜欢交朋友，会处理与伙伴间的关系，容易成为核心人物。具备了这些性格因素，孩子未来的发展空间要比那些缺乏自尊和自信的孩子大得多。

美国心理学家托马斯·亚内尔博士认为，孩子容易因受挫而变得自卑，因此，家长和老师应该给孩子更多的鼓励和赞美，如夸奖孩子擅长的一方面，帮助孩子更好地应对困难。尤其是对青春期孩子，肯定式教育对于他们树立自信更有效。培养孩子的自信心，父母就要注意多看孩子的优点和进步，多表扬、鼓励孩子，切忌打击、讽刺、挖苦孩子，更不要在公众场合羞辱、打骂孩子，打击孩子本来就脆弱的自尊心和自信心。

赞美和鼓励可以培养孩子的成就感，是他们快乐成长的催化剂。比如上文中的甜甜有了南瓜得奖的成就感，就增强了自信心，学习的劲头更足了。此时父母要注意利用"激励倍增法则"，激发孩子的意志品质。"激励倍增法则"来源于美国管理学家彼得总结的员工管理经验，意思是：赞赏别人所付出的，要远远小于被赞赏者所得到的。通俗地讲就是，赞美时付出很少，但被赞美者收获的东西却非常大。父母切合实际的适时赞美，可以激发、促进孩子的自信心、上进心、勇气等诸多优秀品质的形成。每个孩子都希望自己是被他人喜欢和称赞的，父母适时、适当且实事求是的赞美有股神奇的力量，让孩子获得自信，并进而创造一些小奇迹。无数的小奇迹汇集在一起，有一天，他就真的能够创造出令人震惊的大奇迹。

倾听，让孩子重建自信

　　父母要注意观察孩子的情绪，才能纠正孩子不正确的认知。很多父母只看到表面现象，觉得孩子大喊大叫或者摔东西等行为不好，必须要纠正，而没有看到孩子这些行为背后的错误认知。只注重纠正孩子的表现，往往治标不治本，形成恶性循环。

　　父母在倾听孩子时，彼此间的互动很重要。如果父母心不在焉或注意力没有集中在孩子的身上，与孩子的互动就会偏离方向，找不到孩子情绪背后存在的严重问题。如果父母在孩子发泄情绪时，发现他的自卑心理、认知上的错误，适时地加以引导，就能使孩子明确认知，重建自信心。

　　孩子的自卑心理，是与他人比较时处于劣势或低估自己而产生的一种不如别人的情感体验。对于成长中的孩子而言自卑是一种普遍存在的心理现象。如果父母能及时发现、恰当处理，自卑可以转化为孩子奋发向上的内在动力。然而，若处理不当，孩子的过度自卑容易形成自卑情结，影响其健康性格的形成，从而影响到对事物的正确判断和正确世界观的形成。

　　一位妈妈带着两个儿子在附近的操场上玩耍，哥哥和弟弟小涛一起比谁跑得快。妈妈在旁边陪着他们。第一次哥哥赢了，妈妈为他叫好，然后搂了一下小涛，对他说："你也跑得很好，加油！"两个儿子又赛了一次，这次弟弟跑赢了。妈妈过去搂住他说："小涛得了第一，真棒！"小涛听妈妈这样说却放声大哭，说："妈妈！你说得不对。"妈妈感到莫名其妙，不明白他为什么这么说。妈妈继续搂着小涛，告诉他："比赛谁第一个到了终点，谁就是第一。"小涛抬起头来对妈妈说："不对！我是第二。哥哥才是第一。"然后又大哭起来。于是，妈妈就反重复地解释第一、第二是怎么回事。渐渐地小涛停止了哭泣，过了一会儿，他问妈妈："我真的是第一吗？"妈妈用肯定的语气回答说："是，是的。"小涛这才平静地走开，去找哥哥玩了。

小涛为什么不认为自己是第一？因为自打他懂事后，就在头脑里形成了一个牢固的意识，即他是"老二"，并为此感到很不快乐。当他跑了第一并受到妈妈的称赞时，这个现实就触动了"第二"这个固有意识背后的痛苦情绪。于是他就哭了起来，当他的痛苦情绪随着大哭宣泄出来后，内心的创伤也随之愈合，承认了自己确实是第一。经过这件事，小涛已经能够重新认识自己的位置了。作为家里的"老二"，实际上也可以成为"第一"，他没有必要因为哥哥的存在，就必然要处于第二的位置。孩子内心疗愈的过程就这样完成了，他从此以后遇到什么事情都敢去争第一了。

孩子排泄内心情绪的负累与成人是一样的。当成人与自己的朋友、亲人在谈到自己的烦恼时，也会伴有哭、笑、发脾气等发泄性行为。只是成人能更清楚地知道自己情绪问题背后的原因，如自卑心理、遭遇挫折或误解等，可以讲出来发泄一番，采用"清空"的方法恢复思维常态，但是孩子的表达能力是很有限的，他们不会把自己心里的困惑讲出来，于是父母只能看见孩子排泄情绪负累的表面现象，如果父母不懂得认真倾听，就会更难理解孩子不快乐的真正原因。孩子在通过哭、笑、发脾气的方式摆脱与所受伤害相关联的负面情绪后，灵活的思维与行为能力得以恢复，他们会变得更为理智、更快活、更加自信。

　　父母倾听并发现孩子有自卑心理后。为纠正其错误认知，鼓励孩子走出自卑阴影，常用的方法有"胜利法"和"暗示法"。胜利法，就是在孩子接受挑战取得胜利时，使他打消自己不如人、不能赢的想法，小涛的妈妈就是利用他跑赢了哥哥这件事，对他进行开导、教育的。积极的语言产生积极的情绪，进而改变消极的心态。小涛的妈妈用强调"小涛得了第一，真棒"为孩子纠正了错误认知，驱除了他的自卑心理。暗示法指咨询者通过自己的语言或行为，让采访者接受积极的暗示，治好心病的方法。暗示法对增强自信心、克服焦虑、比赛怯场、自卑心理等有很好的作用。

在孩子怀疑自身能力时，引导他珍视自我

　　每个人都有失去自信、怀疑自己能力的时候，尤其是心理承受能力比较弱的孩子，在自己得不到别人拥有的荣誉时，更容易怀疑自己、看低自己。父母要经常引导孩子欣赏自己、发挥自己的潜能，用坚强的毅力克服自卑心理，经常告诉孩子每个人都不可能一直拥有各种荣誉，世界上的事物是变化发展的。

　　大量的调查资料表明，孩子较普遍存在自卑心理。但是如果一个孩子其自卑心理、懦弱性格得不到纠正，发展下去就会成为一个缺乏自信，不能应对困难和挑战的退缩者，就可能被大浪淘沙般的竞争所淘汰。

　　男孩阿杰尔的学习成绩很普通，在文体活动中也没有表现出有

哪项特长，他常常会有悲观的情绪。有一天阿杰尔问爸爸："您说像我这样的男生，各方面都不出众，将来会有出息吗？"爸爸听后觉得，这肯定是儿子已经想了很久的问题，如果自己解释不清楚，就会影响他未来的发展。这位经营珠宝的爸爸思考了好几天，终于找到了解答的办法。他交给阿杰尔一块石头，说："儿子，这是一块很值钱的石头，你拿到各类市场去问价格。你一定要记住，无论对方出多少钱都不能真的把它卖了。"阿杰尔愉快地答应了。

阿杰尔把石头拿到卖石材的市场，摆在一个角落里"出售"，开始无人问津，后来竟然有不少人要买这块石头，价格还越来越高。回到家里，阿杰尔兴奋地告诉爸爸这件事。爸爸笑着说对他说："儿子，你明天把这块石头拿到黄金市场上再试试。"阿杰尔刚到黄金市场里找到铺位，竟然有人愿意出比昨天高 10 倍的价格来买，他很为这个价格动心，但是他记得爸爸的话，没有出售。最后，爸爸让阿杰尔把石头拿到珠宝市场上去出售。结果，价格又上涨了十几倍，还被宣传成"稀世珍宝"。

阿杰尔兴冲冲地回到家，又将发生的一切告诉了爸爸。爸爸看着儿子，深有感触地说："生命的价值就像这块石头一样，在不同的环境下，就会有不同的价格，你暂时没有过人之处，并不代表你没有用武之地，只要你能够认真对待自己喜欢的事，把潜能发挥出来，将来会在更重要的环境中显示出你的才华。"阿杰尔听了爸爸的话恍然大悟，觉得自己也一定会成为有出息的人。阿杰尔心态好了，学习、参加各项活动也更加积极，自然也成了大家欢迎的人。

父母在孩子怀疑自身能力、才华时，应该像阿杰尔的爸爸那样告诉他，认定自己是一块美玉，自然就会有更高的价值感，对将来成才大有益处。

芝加哥大学的本杰明·布鲁姆教授曾调查了120位各行各业的精英人物，包括音乐家、科学家、艺术家、工程师，他得到了一个十分令人吃惊的结论：天才无法在青少年时期发现。这位教授没有找到任何一个普遍适用的指标，来衡量某个孩子将来会成为精英人物。智商IQ测试与将来的成就没有相关性。但是，有一个变量与个人成就的大小，呈强烈的正相关关系：所有被调查的精英人物，无一不是投入大量时间刻苦练习的。成就越大的人越勤奋，钻研业务的时间也越长。他最后的观点就是：天才不是天生的，而是后天训练出来的。尽管本杰明·布鲁姆教授的这一结论也受到质疑，但是我们仍能发现，现实中的很多人是靠努力取得成功的。因此父母应切记，当孩子对自己不信任、对自己感到失望时，身为家长一定不能也认为孩子"没有出息"，甚至极尽所能地贬低孩子，并因此对孩子的发展漠不关心。而是应该多鼓励孩子，告诉孩子生命的价值、活着的意义，使孩子保持快乐成长的势头，不轻易言败。

古语说，"胜人者力，自胜者强"，父母既要引导孩子战胜自己的自卑与怯懦，还要主动给孩子提供获得成功的机会，使孩子在成功的兴奋和快乐中充分肯定自我、发挥潜能。

父母可以利用心理学上的"强化定律"，激励孩子自身能力发挥。"强化定律"来源于一项实验：心理学家把鲸鱼和小鱼分别放在有隔板的水槽里，鲸鱼去捉小鱼就撞到了隔板上，几次撞晕后发现根本吃不到小鱼，就放弃了进攻；但是当把隔板取消时鲸鱼也不知道去吃小鱼了。这个实验证明，人或动物的本能如果没有得到强化，最后就会消失。父母要懂得利用"强化定律"激励孩子，孩子逐步建立起自我激励机制，就会获得更快的进步与发展。

听出孩子的话外音，告诉他爱拼才会赢

每个孩子最早受到的教育都来自家庭，来自母亲的一言一行。曾有人用这样一句话来说明母亲的作用："推动摇篮的手，也是推动世界的手。"这话有点夸张，但是却形象又生动地阐明了母亲对孩子、对社会的意义之大。母亲对孩子的爱，决定着孩子一生的幸福；母亲对孩子的教育，决定着孩子一生的成就。作为孩子一生中最重要的人，母亲的教育智慧将点亮孩子生命的辉煌。相反，如果母亲不懂得教育智慧，不能从孩子的话语中辨识出他真正的想法，纵容孩子就会熄灭他未来的希望之火。

美国一位心理学家，为了研究母亲对孩子一生的影响，做了一项非常有意义的调查。他首先选出 50 位精英人物——他们都在各自的行业中获得了令人瞩目的成就，又选出 50 位有犯罪记录的人——他们因各种违法行为入狱。心理学家分别去信给他们，请他们谈谈母亲对自己的影响。有两封回信给他的印象最深。一封来自白宫的一位著名人士，一封来自正在监狱服刑的犯人。非常巧合的是，两个人谈的都是同一件事：小时候母亲给孩子分苹果。

服刑犯人的信是这样写的："有一天，妈妈买回来几个大苹果，红红绿绿，非常好看。我非常想要那个又红又大的苹果。这时，妈妈把苹果放在桌上，问我和弟弟：'你们想要哪个？'我刚想说'我想要最大最红的那个'，弟弟却抢先说出了我想说的话。妈妈听了，瞪了他一眼，责备他说，'懂事的孩子要学会把好东西让给别

人，而不能先想自己拥有'。于是，我灵机一动马上改口说：'妈妈，我想要那个最小的，把大的留给弟弟吧。'妈妈听了非常高兴，拍了拍我的肩膀，把那个又红又大的苹果给了我。我通过说谎得到了自己想要的大苹果。从此以后，我学会用说谎把不该拥有的东西弄到手，我又学会了打架、偷、抢，为了得到想要得到的东西什么恶事都做过。因为合伙抢劫，我被判刑。"

来自白宫的精英人士是这样写的："有一天，妈妈买回来了一包苹果，红红绿绿，大小各不相同。我和两个弟弟几乎同时说，'我要最好的苹果'。妈妈把那个最大最红的苹果举在手中，目光从我的脸上扫到两个弟弟的脸上，然后想了想说：'这个苹果最大最红最好吃，你们三个都想要它。但是现在我不能把它给你们其中的任何一个人。我想让你们做个比赛，谁赢了比赛，谁就可以拥有这个大苹果。'妈妈把门前的草坪分成三块，我和两个弟弟每人一块，负责打扫和修剪。我们三人比着干，看谁干得好、干得快，结果，我赢得了那个最大的苹果。我非常感谢妈妈，她让我明白了一个最简单也最重要的道理：要想得到最好的，就必须努力争第一。她一直都是这样教育我和弟弟的，每件事都是赢者受奖。这很公平，你想要什么、想要多少，就必须为此付出多少努力。正是因为如此，我才有了今日的成就。"

母亲是孩子的第一任教师，一句不慎重的话，就教会孩子以谎言作为达到目的的手段，渐渐地走向罪恶的深渊，而一句充满教育智慧的话，就能教会孩子做一个永远努力争第一的人。一念之差，对孩子的未来而言可能就是天壤之别。

母亲要想实实在在地弄懂孩子的想法，必须学会倾听孩子的话外音，辨识他们所说的话隐藏着怎样的想法，然后努力给出正向引导。上例中的成功人士和服刑人员，他们都想要最大最好的苹果，这个要求是明显的，母亲都听懂了。但一个母亲给出了得到苹果的正能量方式，一个母亲给出了得到苹果的负能量方式，结果他们的人生道路因此而不同。

心理学家认为，倾听是一个涉及口头信息的听取、注意、理解、评价以及反应的过程，有效的倾听要向说话者发出有价值的反馈。母亲肩负着教育孩子的重任，会倾听很重要，更重要的是要给孩子一个有价值、有意义、包含正能量的反馈，这是母亲必备的技巧，也是其履行责任的需要。

对孩子的呼唤充耳不闻，用沉默打消依赖心理

中西方在教育孩子的理念上有很大的差异。尤其是在儿童时期，中国父母见孩子遇到了困难，第一反应是马上冲过去帮助孩子，害怕孩子有一点闪失。而西方的父母，在孩子遇到困难时往往会躲在一旁，等待孩子自己脱离困境。西方的父母更注重孩子自强、自立能力的培养，而中国的父母对孩子宠爱有加，什么事情都包办代替，慢慢地使孩子产生较强的依赖心理，养成懒惰、娇气、任性、软弱等不良习惯，长大后经受不了挫折，独立处理问题的能力差。

俞敏洪说："穷孩子、富孩子都不能缺了自强的精神。"要想使孩子自强，就要让孩子摆脱依赖心理，增长自强自立的决心，父母需要多给孩子面对问题、解决问题的机会，让他们在现实生活中多

锻炼自己，在困难面前不低头、不气馁。

男孩子亨利与父亲一起去钓鱼。在湖边的不远处有个大坑，亨利很好奇，自己偷偷地下到坑里玩。玩了一会儿，他发现这坑很深，下去很容易，想上去却很难。于是，他大声喊道："爸爸，你帮帮我，我上不去了。"爸爸装作没听见，没有理儿子的呼喊。亨利很生气，见爸爸不理他，就自己试着向上爬，但爬了两次都掉下去了。亨利再次喊爸爸来帮忙，但是爸爸已经到稍远处钓鱼了。恐惧随着夜幕袭上心头，他哭了起来。哭着哭着，他猛然意识到，如果天黑透了还爬不上去，那自己就死定了。这样一想，亨利马上停止了哭泣，自己主动想办法。他在坑里转来转去，寻找可以从哪儿上去。终于他发现，在离大坑左边不远处有几棵可以用来攀爬的小树，于是走到左边一手抓着树，一手抠着坑边上的泥土，一点一点地向上爬，终于爬了上去。亨利上来后并没有埋怨爸爸的无情，而是很骄傲地说，"爸爸，是我自己上来的。"爸爸什么也没说，只是拍拍他的肩膀，表示赞许。

培养孩子自强、自立的能力，使他从小就具有勇敢顽强的意志，是适应高度竞争社会的需要。但是，我们的独立性教育成果怎么样呢？上海宝山区对 500 个小学生进行调查。低年级学生 27% 不会洗脸，37% 不会穿衣服，30% 不会扫地，97% 不会整理书包；中年级学生 57% 不会刷碗，60% 不会整理房间；高年级学生 63% 不会烧饭，57% 不会钉纽扣。孩子生活上都不会自理，何谈自强自立呢？

有媒体披露德国父母要求孩子自己的事情自己做，法律还规定，孩子到 14 岁就要在家里承担一些义务，比如要替全家人擦皮鞋等。有位中国人去德国的一个教授家做客，教授的儿子正值中学毕业，他便很自然地问道："你打算让孩子报考什么学校？"教授说："这是孩子自己的事，你怎么来问我呢？"他们连决定孩子前途的大事，都尊重孩子自己的决定，至于日常生活的琐事更不必细说。

如果孩子处处依赖父母，遇事就会没有主见，缺乏自信心。当孩子总觉得自己能力不足时，就甘愿置身于从属地位，希望别人为自己做出决定，不敢独立承担责任。这样的孩子喜欢与独立性强的伙伴交朋友，习惯顺从、服从他们。如果所依赖的伙伴离开了他，就感到被人抛弃了，茫然不知所措，精神会极为痛苦，甚至崩溃。

依赖性强的孩子总是期待别人的安抚与赞许，自觉不自觉地迎合别人的意愿说话、做事，以取悦对方。但是人的本性决定，没有人喜欢一直任人指派差遣，孩子在顺从、服从他人后会感到怨恨，愤愤不平，而不如此又感到内疚和不安。陷于这种矛盾的心理状态不能自拔，是极其痛苦的。

在这方面父母可以利用心理学上的"阿什法则"，让孩子学会直面问题。"阿什法则"是，承认问题是解决问题的第一步，你越是躲着问题，问题越会揪住你不放。直面问题才能成为真正的赢家。父母鼓励孩子自己解决问题，成就感会促使孩子自理、自立的能力越来越强。

著名教育家陶行知写过一首《自立人之歌》："淌自己的汗，吃自己的饭，自己的事自己干。靠天、靠人、靠祖上不算是好汉。"独立自主意识是全面发展的基础，孩子独立性越强各方面发展得越快。家长只要学会放手，将来就不用为孩子的前途担忧。

给胆怯的孩子一个支点，培养他求新求变

在一个家庭中，如果父亲是敢做敢当的人，是坚决不允许孩子做一个胆小怕事、唯唯诺诺的弱者的，无论这个父亲是军人、农民、工人还是知识分子。

胆小怯懦的人，在面对困难和挑战的时候总是缺乏信心，认为自己可能战胜不了困难、会在挑战中失败，有了这样先入为主的想法，可能会首先选择放弃或逃避，无形中就少了展现能力、增长才干的机会。胆小怯懦的人总是过于在乎别人的评价，对于别人的言行举止过于敏感，所以别人的一句否定或批评就可能会让他闷闷不乐、耿耿于怀，从而影响判断力。无论在学习上还是生活上，胆小怯懦的人在追求目标时，总是缺乏主动性、勇气和意志力，所以可能错过了原本属于自己的成功和幸福。一个强悍的父亲，绝不可能让自己的孩子具有这种弱者的性格。

既然胆小怯懦的性格是孩子成长的一大障碍，是其成才、成功道路上的绊脚石，那么，父母如何帮助孩子踢开这块绊脚石，让孩子勇往直前地走在成长、成功的道路上呢？这对父母，对与孩子教育相关的所有人都是一项重要的任务。

有个德国女孩子要到附近一位阿姨家学习刺绣，可是，这位阿姨家养了两只大鹅，当女孩推开阿姨家的院门时，两只凶猛的大鹅都会"嘎嘎"地叫着扑过来想要啄她。女孩很害怕，跑回家对妈妈哭着说："如果没有人陪我去，我就不去学刺绣了。"

妈妈劝女儿别害怕，但她只是一直哭，她太害怕那两只大鹅了。爸爸见状就让女孩的弟弟维尔纳陪她一起去。维尔纳对爸爸说："那两只鹅也会来啄我吧？"爸爸找了一根木棍子交给维尔纳，告诉他："男子汉遇到危险不要回避，要大胆地迎上去。如果那两只鹅来啄你，你不要害怕，大胆地走过去挥舞棍子准备打向它们，它们就会跑着逃走的。"

维尔纳和姐姐来到教刺绣的阿姨家，打开院门时，两只鹅仍然"嘎嘎"地叫着向他们冲来。姐姐尖叫一声，立刻转头往回跑。维尔纳也想跟着姐姐逃跑，但是，爸爸的话在他脑中回荡着，于是，他闭着眼睛举起棍子向两只鹅冲了过去，两只鹅立刻被吓没了声音，转头向鹅栏中跑了回去。这时，维尔纳喊姐姐马上过来，他举着棍子护着姐姐走进屋内。

这个小男孩就是德国著名的电器发明家、创建西门子公司的维尔纳·冯·西门子。多年后他回忆说："童年时父亲的这番话，给了我人生很大的启示，它不断地鼓励我在遇到危险时不要退却，这使我终身受益。"

在孩子遇到危险时，你是否也会像维尔纳的父亲那样，告诉孩子要勇敢地迎上去？那些性格强悍的父母当然会这样做。但是现实生活中有些父母，尤其是母亲，在孩子遇到危险时，第一个念头是让孩子远远地避开，帮助其躲避危险。如果不能避开，也会主动帮助孩子解决问题、化解危险。这种做法看似是为孩子着想，其实是给孩子胆小懦弱的性格做了正强化，使孩子遇到困难和挑战时更加畏首畏尾，举足不前。长此以往，孩子就会变得更加没有勇气、缺少魄力。

有勇气、有魄力，才有开拓创新，才能做别人没有做过的大事。

　　勇气、魄力是做决定、定战略的资本。有勇气、有魄力才有冒险精神，才可能成就不平凡的事业。无论是创业创新、实现自我价值，还是在舞台上面对观众，关键时刻敢不敢站在一个从没站过的位置，接受超出自身经验、能力范围的考验？靠的是推动脚步向前的最后的一把力量，而这把力量来自眼光、意志、决心，甚至承受风险的能力，他们都来自于一个人所具有的勇气与魄力。

　　勇气与魄力不是与生俱来的。如果一个人天生胆大妄为，既不能称为勇气，也不是有益的魄力，而是莽撞和放任。勇气与魄力是后天聚集正能量形成的。父母在孩子面对困难时，要像维尔纳的父亲那样，把孩子推到应对挑战的前沿去，让他自己在获胜时体验成功的快乐，为自己的信心和勇气加油鼓劲，孩子长大后自然不会成为一个怯懦者，而是一个有勇气、有胆识、有魄力，能实现大目标的成功者。

适时止住孩子的哭泣，坚定他的自信心

　　如果将孩子的性格进行比较，可以做出这样的判断：有的孩子争强好胜、自信心强；有的孩子性格软弱，容易自卑，遇见不同意见时，经常被他人的意见所左右，这就限制了个性的发展。

　　心理学家认为，孩子主观性差、容易轻信他人的原因主要有三个方面：一是知识面、阅历比较窄。从一出生父母就把孩子当成弱者来培养，给予过多的关照与呵护，就是为孩子选择的玩具也是没有挑战性的，这就限制了思维能力的发展。当孩子对某件事情或某个事物不甚了解时，往往会人云亦云，把别人的话当成事实来相

信。二是由于自卑导致缺乏自信心。对自己的看法持怀疑态度，容易被别人的看法取而代之。有时在独自一人的情况下很有主见，可是与别人在一起时，自己就变得优柔寡断，听之任之。如果大部分人的意见同自己相左，更容易放弃自己的主见。三是由于父母总是以"听话""别惹事"的模式教育孩子，就会使他因缺乏个性特质，对别人的意见盲从接受。要想让性格软弱的孩子克服轻信他人的弱点，除了需要拓宽知识面、增长阅历外，父母还应该注重培养质疑他人、坚定自信的个性特质。

女孩子索尼娅小时候的家住在农场里，她在附近的一所小学里读书。有一天她回家后，把自己关在房间里一直哭。女儿如此悲戚的哭声，让在客厅里看书的爸爸非常焦灼。他想了想，出去把在农场里干活的妻子叫了回来。

妈妈把女儿带到客厅里，爸爸问索尼娅有什么事情让她这么难过又伤心，女儿抽抽噎噎地说："一个女同学说我长得很丑，还说我走路的姿势不好看。"爸爸听后拍拍女儿的肩膀，微笑着说："我能摸得到天花板，你信不信？"索尼娅用手抹了一下眼泪，吃惊地问："你在说什么？"

父亲重复说："我伸手能摸得到天花板，你信不信？"索尼娅仰头看了看客厅里的天花板，心想天花板离地面这么高，父亲怎么可能摸得到，于是摇摇头说："我不信。"爸爸笑了，认真地说："你不信吧？我也不信自己真的能摸到。我可爱的索尼娅，你也不要相信那个女孩的话，因为有些人说的话不是事实。"索尼娅突然明白了，不能在意别人怎么评价自己，要对自己有信心。

她——索尼娅·斯米茨22岁时已经是加拿大颇有名气的女演员。后来到美国发展，由于认真对待每一个角色，不断超越自我，成为北美著名的女演员。

孩子很容易被别人的评价影响到自信心，听到别人不好的评价，会认为自己真的不够优秀。父母身为孩子的守护者，就要像索尼娅的父亲那样，及时发现孩子的心理变化，告诉她不要在意别人的评价，重要的是要坚定自己的目标和理想。

现实生活中的许多事情，如果不经过自己大脑的认真过滤、思考，就会觉得别人说得都在理，但只要经过自己冷静地认真推敲，就会发现疑窦丛生。孩子在成长的过程中，经常需要自己做出判断、做出决定。如果总是过分地在意别人的言论，盲目地听从别人的意见，就会犹豫不决，失去主动意识。要做到"善于听取意见，但是注意拿主意。"这才是自立自强者应有的品质。

父母培育孩子的自信心时，要灵活运用"自信心定律"。"自信心定律"是指，做一个内心坚定的人，就要相信自己有能力完成各种任务、能应付各种事、能达到预定目标。在困境中能战胜内心的恐惧，具备不达目的誓不罢休的心理素质。父母要做孩子建立自信心的有力推手，引导孩子相信自己有能力，将来一定会越来越出色，上进心才能越来越强劲。

听孩子说"家规"，强化品德修养

美国著名心理学家威廉·詹姆斯曾说，"人性中最大本质的要求就是渴望得到赏识"，这对未成年的孩子来说更是如此。对成长中的孩子，父母要用放大镜去看他们的优点，并及时地给予鼓励。

而不应该用放大镜去看孩子的缺点，使孩子无法走出负面情绪的困扰。如果父母注意用放大镜去放大孩子的优点，他们内心就会萌生幸福感和成就感，从而增强自信心和上进心，就会更加积极努力去完善自己。所以，父母手里的"放大镜"就如同照耀心灵的阳光，能给孩子带来上进的力量。

抗敌英雄林则徐就是著名的家教典范。有一天，当林则徐忙完公务回到家中时，听儿子林汝舟讲述刚才家里所发生的事情。他边听边点头，在儿子讲完后赞叹说："汝舟，听了你的话我很欣慰。这说明你的书没有白读，古人圣贤之德已经悟透于心，并将之付诸自律的行动，以后要更加严格地以圣贤的标准约束自己。"林汝舟听了父亲的称赞，坚定了要做个坦荡之人的信念。

事情的经过是这样的。林则徐的一个下属想得到林则徐的提携，为他备了一份厚礼登门拜谢。长期在一起为官，他知道林则徐为人刚正不阿，特意趁他不在家期间将礼物送了过来。林汝舟见来访者是父亲的下属，便热情接待。但是，当他得知这位来访者另有目的时就警觉起来。林汝舟注视着来人微笑着将礼物放在客厅里，他忙起身向前将礼物拿起来，递给这位来访者，并向他言明父亲在这方面要求极为严格，不能破了家规。来人只好把礼物带了回去。

林则徐听了儿子的讲述后，对孩子们说："读书贵在育人，贵在用世，贵在治世，不可为自己谋私。你们一定要记住。"孩子们都把父亲的告诫记在了心里。林汝舟更是品学兼优，20岁考中进士，任翰林院编修、侍讲，一生为官清廉。

时下的中国父母，有很多都只重视孩子的学业，正所谓"一俊遮百丑"，不把孩子的道德修养、心理健康当一回事，结果使社会上的问题少年越来越多。

对于成长中的孩子而言，学业很重要，但是良好的道德修养、健全的人格更重要。林则徐循循善诱的家教方法，使孩子在学业和人格修养两个方面齐头并进，这种有大视野的教育方式，应该引起重学业的父母的思考：如果孩子因道德修养不到位或因有心理缺陷，成为有学问的罪犯，那么学问还有价值吗？如果答案是否定的，家长首先要调整自己的想法。

培养孩子在德、智、体方面的全面发展，是家教的根本。家长只要守住这个根本，孩子一时的学业不拔尖也无妨，总有一天他会成为一个有作为、有责任感的好公民，只有成了好公民，才能谈到事业的发展和跨越式的进步。

"子孙若如我，留钱做什么？贤而多财，则损其志。子孙不如我，留钱做什么？愚而多财，益增其过。"这是有人劝林则徐给子孙多留一些财产时，他做出的回答。林则徐尖锐地指出，家长给孩子留下过多的财产是祸而不是福。无论子孙是聪明还是愚钝，过多的财产都会有害于他。因为这些财产会使聪明者丧志，使愚钝者增加犯错误的可能性。这是多么值得我们深思的哲理啊！它提醒我们——留给孩子多少财富都不如培养他的能力重要。让孩子多经风雨，多加历练，德才兼备才是重中之重。

第七章

孩子为同伴关系纠结，父母倾听之后解谜团

超强的人际关系处理能力是精英人物最重要的能力之一。欧美一些国家在中小学都开设有这方面的课程，有的国家甚至从幼儿园就开始了这方面的教育。相比之下，在人际关系能力培养方面，我国的学校教育就比较薄弱。因此，培养孩子处理人际关系的任务就落在了父母身上。这种能力不是与生俱来的，是通过后天一点一滴的学习积累的，更需要在实践中磨炼，不断地进行经验总结。父母在倾听孩子与小朋友、同学产生的纠纷和争执时要适时给以引导，为孩子提供正能量，使孩子从文明礼貌做起，从处理与伙伴的关系做起，做一个有热情、受欢迎的孩子。

孩子不敢与陌生人说话，鼓励他与人交往

有个国外的儿童心理学家说过这样一句话："一个社会交往能力低下的孩子，比没有进过大学读书的孩子具有更大的缺陷。"可见，孩子的交往能力对其未来发展有着多么关键的作用。如果一个孩子的交往能力强，就可以促进其在社会行为、社会认知能力等方面的发展，也有利于摆脱其以自我为中心的偏激与狭隘。

孩子小时候不善交往的重要表现，就在于其不敢与陌生人说话。如果这种现象得不到改善，久而久之就会出现胆小、懦弱等缺乏胆识和勇气的不良表现。孩子敢于和陌生人说话，是以后走上社会的一项基本能力，如果连这个基本能力都欠缺，何谈体现自身价值。如果大家都不愿意和陌生人说话，人际交往就无法开展。孩子敢于和陌生人说话，迈出交往的第一步，体验到如鱼得水一般的便利，他就有可能拥有更多的朋友。

随着社会的快速发展，人与人之间的联系越来越紧密，有父母认为，孩子敢于向陌生人表达自己的想法是一种珍贵的品质。他们在生活中也会这样鼓励孩子：不管做的、回答的好不好，只要敢于表达就可以了。但是，有很多父母明明知道自己的孩子胆小、怕生，却不懂得应该提供怎样的帮助。那么，怎样才能让孩子敢于走

向陌生人，落落大方地表达自己的想法呢？父母要抓住时机循循善诱。

　　美国男孩艾伦与妈妈一起乘火车去旅游，他一会儿趴在座位的靠背向后看，一会儿又跑下座位练打拳，一刻也不肯消停。突然，他安静地坐了下来，扑在妈妈的怀里，有些羞怯地说着耳语："妈妈，那个小姐姐太漂亮了。"艾伦的妈妈向斜对面的座位看过去，发现那里果然坐着一位穿红裙子的漂亮小女孩。妈妈推开儿子，对他说："你去跟那个小姐姐说'你真漂亮'。"艾伦听了妈妈的话，更加羞怯了，钻到母亲的怀里不敢抬头。妈妈再次把他推开："来，拿块口香糖，走过去给姐姐。跟她说'姐姐你好漂亮啊，送给你一块口香糖'。"

　　这对母子的行为，让对面坐着的一个中国妇女看在眼里，她认为这个小男孩一定是看上了旁边那个红裙子少女的什么玩具或饰物，想要问她要。男孩子的妈妈就教儿子怎样公关，怎样巧妙地得到想要的东西。

　　过了一会儿，艾伦终于鼓起勇气，走到红裙子少女面前："姐姐，给你一块口香糖。"红裙子少女接过来口香糖向艾伦笑了笑说："谢谢。"艾伦见姐姐这么友好，高兴地说："姐姐，你好漂亮哦！"说完，飞快地跑回到妈妈身边，钻到妈妈的怀里。附近座位的人都被他高兴又害羞的样子逗笑了。

　　对面坐着的中国妇女与艾伦的妈妈聊天，才知道刚才艾伦跟妈妈的耳语就是"那个小姐姐太漂亮了"。艾伦的妈妈让他亲口对红衣少女说出这句话，是为了鼓励他勇敢地同陌生人说话，大胆地表达自己的想法。

　　中国妇女非常赞赏艾伦妈妈的做法，问道："你一定看了不少训练口才的书籍吧？"艾伦的妈妈却说："哪有啊。我们那儿的人都是这样教育小孩子的。要让他做个勇敢的人，与任何人都没有交往障碍。"

"走过去""说出来"，在成人看来是很容易的事，但是，给孩子的却是源源不断的勇气和信心。试想一下，以后当艾伦想做什么事而不敢做的时候，妈妈鼓励他的话就会在他耳边响起，使他克服内心的软弱与怯懦。艾伦妈妈在这件小事上鲜明的态度，也许已在无形中决定了他勇敢的品格。

简单的说教总是枯燥而空洞的，一万句说教也比不上一次实践。父母想让孩子具备优秀品格，就要在平时的日常小事中积极地去加以灌输和熏陶。孩子的心灵是纯净而透明的，父母用实际行动播种下的理念自然会开花结果。

教育家陈鹤琴认为，需要鼓励和提高孩子与人交往的勇气和兴趣。生活中发生的社会交往是大量的、真实的、自然的。父母应主动为孩子营造自由、宽松的交往环境，鼓励和支持孩子与成人、同伴交流，让孩子想说、敢说、喜欢说，并在得到积极回应的过程增长交往能力。带父母孩子到公园去游玩时，鼓励孩子和陌生的小朋友一起玩耍；买东西的时候可以让孩子付钱；节假日出游，让孩子去解决遇到的一些问题……孩子经常接触陌生的人、陌生的环境，不仅增长了见识，还会逐渐减轻不安心理，能不断发展适应社会生活的能力。

在这方面，父母要学会运用"赛格里曼效应"，教育孩子对绝望说"不"。"赛格里曼效应"来源于一项实验：把一只狗放在无法逃脱的笼子里电击，开始它想逃脱，当它觉得逃不出去后，即便放在能逃脱的笼子里电击它，它也不会再逃走。如果把几只狗训练出逃脱的技能，放在能逃出去的笼子里进行电击，所有的狗都会逃出。"赛格里曼效应"的寓意是，永远要对绝望说"不"。父母既要培养孩子在困境中说"不"的勇气，也要培养孩子具备说"不"的技能。这样双管齐下，孩子才能成长为真正的强者。

听孩子说交友的困惑，告诉他交友技巧

心理学研究表明，许多孩子在幼儿时期就有强烈的集体认同需要，希望自己有小伙伴一同成长，通过与大家一起做游戏满足归属感的需要。意大利著名教育家蒙台梭利通过研究证明了这一点。他发现，家庭中出生的第一个孩子比以后出生的孩子更使父母感到头疼，这并不是因为父母没有养育的经验，而是因为第一个出生的孩子与后出生的孩子相比缺少同伴间的友谊陪伴，其成长缺少外部动因。

孩子在与小伙伴、好朋友的交往过程中，能逐渐学会如何参与他人的活动，如何与他人合作，如何拒绝他人，也能够提高倾听他人的意见、处理彼此间的矛盾的能力。如果孩子之间存在年龄差异，年龄小的孩子会模仿年龄大的孩子做事情，并请他们主动教会自己一些技能，在这样的互动过程中，年龄小的孩子所学到的知识和技能，远远比父母和老师所教给他们的要快、要多。

如果一个人在儿童时期没有朋友，那么他在社交能力、人格素质方面形成的缺陷在以后将很难弥补。因此，父母不仅要重视孩子的交友活动，还要给出交友技巧。

有个男孩子出生在一个比较富裕的家庭，加之出生时身体比较弱，他很少出去与小朋友一起玩耍，有点孤芳自赏。上了小学以后，他也没有要好的朋友，这使他很苦恼。有一天，男孩和妈妈坐在大树下纳凉，孩子突然向妈妈说出了心里的困惑："妈妈，我一直没有好朋友，你能告诉我，我怎么样才能找到自己的好朋友吗？"

妈妈对儿子的性格是了解的，但是这句话使她对孩子的孤独感有了更明确的认知。妈妈沉默了一会儿说："嗯，这是个简单又复杂的问题。"孩子疑惑地说："是吗，那我是不是会永远没有好朋友呢？"妈妈还是没有直接回答儿子的话，她指了指前方说："你看，那边有一大片草地，你走过去帮我找出最绿的一棵草，但不能回头找，记住只要一棵。"孩子回答说："好，我这就去找。"

孩子高高兴兴地向草地走去，他边走边寻找。过了好一会儿，他很沮丧地回来了。妈妈问："我怎么没看见你拿着草？"孩子说："在我经过的路上，我发现了一些很绿的草，不过，我又想在前方可能会有更好的草，就一直没有拔任何一棵草。我没有注意到自己已经走到了草地的尽头，因为你说不能回头找，所以，我没有找到就回来了。"

妈妈说："如果把一棵棵绿草比作身边的人，把要寻找的那棵绿草比作吸引你的人。在你寻找朋友的时候，却总是在进行比较，并且希望会有更好的出现，结果就一定会一无所获。"

孩子说："我懂了，其实朋友就在身边。"男孩子从此以后经常主动地融入小伙伴的活动中，很快有了要好的朋友。

在生活中有些父母，并不是十分关心自己的孩子是否有朋友，还有的父母鼓励孩子少与小朋友接触，比如不要与学习成绩不好的同学玩，别理睬家庭条件不好的孩子等，很少有像刚才故事中的母亲那样，不仅十分重视孩子的交友问题，还有暗示性地告诉孩子应该怎么样去交友。

如果父母真的想成为孩子成长的导师，就要引导孩子懂得友谊的真谛，享受友情的快乐，在鼓励孩子"走出去"，即主动参与集体活动，与小伙伴坦诚相处的同时，还要做到"引进来"，经常请小朋友到家里来做客，让孩子承担聚会主人的角色，热情招待小伙伴。孩子在自己熟悉的环境中，非常容易克服交友时害羞、胆怯的心理。

父母在孩子交友问题上，除了具备"走出去""请进来"的主导意识，还要主动"融入其中"，主动参与孩子的交友活动，孩子要参加演讲、歌咏比赛、娱乐活动时，提前带孩子进行练习，充当配角预演，以使孩子增强自信，在孩子们进行体育比赛时还要充当观众，为孩子加油，有不当之处及时提出改正意见。如果孩子能够成为小朋友中的核心人物，有利于其将来成为社交精英、管理精英。

不能犯"小气"，让孩子懂得分享

俄罗斯作家托尔斯泰说："两个人分担一个痛苦，只有一个痛苦；两个人分享一个幸福，却可以拥有两个幸福。"分享是传递快乐的方式、情感沟通的桥梁、思想传递的纽带，生活处处都缺少不了分享。

教育专家认为，分享是孩子人格构成中十分重要的组成部分，对良好行为的规范的养成、价值观的确立都能起到积极的引导和指向性作用。分享也是孩子在与小伙伴交流沟通、增长智慧时经常采用的一种方式。但是，几乎没有孩子天生懂得分享，而不喜欢分享则是小孩子共有的天性，在他们的想法里，和他人分享自己所拥有的东西对自己没好处，或者认为分享等于失去。与小朋友分享好吃的，自己就没得吃了；把好玩的玩具给了小朋友，自己就没得玩了。孩子的这些想法如果不及时得到纠正，就会因为缺少分享意识变得自私自利，严重的话还会影响到他的合作行为、同伴关系以及心理健康。父母必须明确地认识到，孩子主动与他人分享本来属于自己的东西，会因赢得他人的一份好感而提升自己的快乐，与伙伴的关系更加亲密友好。

为了使孩子在将来能信心十足地走向社会，具有良好的人际关系处理能力，在所面临的种种挑战中脱颖而出，就要通过分享行为培养分享意识。

英儿的爸爸出国回来给她买了一个洋娃娃。这个洋娃娃的裙子很漂亮，脚上穿着芭蕾舞鞋，会做芭蕾舞的动作，英儿特别喜欢，给娃娃起了个名字叫"舞舞"。英儿心里高兴就拿到小区里的儿童乐园给小朋友看，小女孩们也没见过这么漂亮的洋娃娃，希望向英儿借来玩。英儿可不愿意把舞舞借给别人，一扭头就抱着娃娃跑回家了。英儿对妈妈说："我以后再也不把娃娃抱出去给小朋友看了。"妈妈说："为什么呀？"英儿把娃娃紧紧地抱在怀里说："她们要借走舞舞。"妈妈知道事情的原因后，对英儿说："孩子，这样做不对。""怎么不对呢？"英儿不服气地说，"万一她们弄坏了怎么办，是爸爸从国外给我买的呀。"妈妈耐心地对英儿说："不能这样想。虽然是爸爸买给你的洋娃娃，但是，应该学会和小朋友分享好东西，大家一起玩，这样才会更快乐，是不是？做个小气鬼可不好。那样小朋友有了好玩的东西也不会给你玩了。"英儿听妈妈这样说乖巧地点点头，又抱着娃娃出去与小朋友一起玩了。

让孩子学会分享，对孩子的成长和发展非常重要。只有乐于分享的人，才会交到更多的朋友；只有乐于分享的人，才不会变得自私自利；只有乐于分享的人，才可以得到更多的资源。媒体上曾报道过这样一个故事：有三个大学生毕业时组成团队创业，同宿舍里有个同学想要加入，"三人小团队"进行讨论时，有两个坚决不同意。原因是在读书期间，这位同学每周从家里带来好多吃的，大家都以为他会分一些给同学们，结果他一点都不分。怎么能和这样自私的人一起干事业呢。几年后，这家公司在美国上市，创造了许多个百万、千万富翁，但是不包括这个不懂分享的同学。

父母必须以适当的方式，在孩子心里树立乐于分享的观念。当孩子表现出小气时，不要对孩子的行为深恶痛绝、严厉指责，毕竟孩子还小，不懂得分享的重要性。要像英儿的妈妈那样，动之以情、晓之以理，讲明分享的重要性。当孩子与小朋友分享自己拥有的东西时，要尽量用形象的语言来鼓励孩子，让孩子能确实地体会到分享所带来的快乐，发展其乐于分享的好品质。

父母要引导孩子理解心理学上的"互惠定律"，处理好分享与互惠的关系。"互惠定律"来源于最朴素的人际关系认知，即给予就会被给予，剥夺就会被剥夺；信任就会被信任，怀疑就会被怀疑；爱就会被爱，恨就会被恨。父母让孩子明白要想收获就要先给予和付出的道理，孩子遇到的人际关系难题就会迎刃而解。值得注意的是，不要过犹不及，强迫孩子与他人分享，这反倒不利于孩子良好分享意识的培养及互惠关系的建立。

听到孩子对礼貌的误解，告诉他要处处尊重别人

　　文明礼貌是人类所有美德的基础，也是社会交往中必须遵守的行为规范。如果一个人不知道讲礼貌，还何谈高才、大德？

　　英国著名教育家约翰·洛克说："礼貌是儿童与青年应该特别小心养成习惯的一件大事。"少年儿童处于行为习惯养成的敏感时期，父母如果能抓住这一关键时期对孩子进行培养，让其从小养成知礼、学礼、懂礼、用礼的好习惯，其一生将会受益无穷。现代社会物质生活丰富，一个家庭养育一个或者两个孩子，他们集万千宠爱于一身，容易养成自私、独霸的不良习惯，这就要求父母在教育孩子时，把文明礼貌习惯的培养与尊重他人、谦虚大度结合起来进行，做到言传身教，使孩子在日常生活中养成讲礼貌的好习惯。

　　女孩佳惠的妈妈是位大学老师。有一天晚上，小区里的电路出了问题，屋里突然变得一片漆黑，妈妈找出备用的蜡烛点上，屋里顿时亮了起来。这时有人来敲门，妈妈一看是对门邻居小王，马上开门客气地将其让到屋里来。说道："小王，你好，有事吗？"小王看着佳惠家的蜡烛说："大姐，不好意思我家没有蜡烛，你家有没有多余的，我想借一根。"佳惠的妈妈马上拿出一根蜡烛给她，并告诉她不用还了，家里有一包呢。小王说声"谢谢"向外走，佳惠的妈妈举着蜡烛把她送到楼道里，等小王进了屋才回来。

　　妈妈回来后，佳惠开口向妈妈提出疑问："妈妈，为什么您对待生人也是那么客气啊？"妈妈听了微笑着回答说："孩子，无论对

待谁，都要有礼貌呀。"佳惠说："可是我见许多大人，对生人是不讲礼貌的。"妈妈说："这是不对的。讲礼貌体现的是一个人的修养，是文明人的习惯。并不是用来向陌生人表明自己有修养的外衣。明天，妈妈给你讲一个不讲礼貌影响个人前途的故事，你想听不？"佳惠说："当然想听。您现在就讲吧。"

妈妈觉得就着蜡烛的灯光给孩子讲故事有点不妥，可就在她犹豫时，屋里的电灯亮了，妈妈说："好的。我现在就讲给你听。"妈妈打开窗子，让房间里进来一些新鲜的空气，跟佳惠讲道："故事是这样的，有一家大公司招聘高端人才，有三个年轻人经过一级级筛选到了最后一关——总经理面试。总经理让三个年轻人来到他的办公室，三个年轻人进来后，总经理接了一个电话，然后对他们说，我有事要出去一下，你们等我十几分钟好吗？三个年轻人都说'好的'。总经理出去后，他们四处看了看，觉得有些无聊，见总经理办公桌上有几摞文件，他们就好奇地过去翻看。不一会儿总经理回来了。三个人放下文件坐到椅子上。总经理对他们说，'面试结束了，你们没有被录取。本公司从未招聘过随便动他人文件的高级职员。'这三个年轻人感到非常遗憾，因为他们从来不知道不能随便动他人的东西。这个故事说明什么呢？"佳惠说："妈我懂了，人要有文明礼貌的好习惯。"妈妈说："对。如果没有养成文明礼貌的习惯，稍不注意就会违背人际关系中的规则，而有些时候违规的后果是不堪设想的。"

佳惠妈妈教育孩子讲礼貌的做法非常值得称赞，首先以身作则，让孩子知道讲礼貌的具体做法，然后通过一个故事讲明白讲礼貌的习惯多么重要。想让孩子懂礼貌，父母的行为会对孩子产生最生动、最实际的教育效果。如果连家长自己都对身边的人不尊重、不讲礼貌，说话时脏话连篇，怎么会培养出斯文、有礼貌的乖孩子呢？还有的父母持有错误的认知，觉得孩子小的时候不讲礼貌没什么，就忽视对孩子礼貌习惯的培养，他们误以为孩子长大后便会懂事，自然会知道讲礼貌的重要性，其实这种认知是错误的，就像故事中的三个年轻人，因没有养成讲礼貌的习惯，因小失大，导致自己未被录取。因此对孩子礼貌习惯的培养，一定要从小教起，从每一件小事做起，从对每一个人的态度做起，通过潜移默化的影响，使孩子养成讲礼貌的好习惯。

引导孩子认错道歉

古语说："恻隐之心，仁之端也；羞恶之心，义之端也。"人做错了事，是一定要认错道歉的。但是，对孩子而言，尤其是特别小的孩子是不会认错道歉的。他们很大程度上是因为不懂得是非观念，也当然不会主动地认错道歉。孩子犯错时，父母应耐心引导孩子认识到错在哪里，如何做才是正确的。当孩子意识到自己的行为是错误的，就会自然而然地道歉。有的孩子有时会因为害怕承担后果而不敢承认错误，父母应鼓励孩子知错就改，给予孩子安全感，避免孩子对认错产生畏惧感。还有的孩子犯了错，总是寻找各种谎言来逃避责任，家长一定要及时纠正这种行为，让孩子明白不认错、不道歉是一种恶劣的行为，比犯错误更不可原谅。

女孩梅子与邻居家的男孩墨墨一起搭积木，眼见着高楼越搭越高，她玩得十分投入。墨墨的爸爸走过去欣赏梅子的杰作，她自豪地说："叔叔，看我搭的高楼多气派呀，楼下还有小树呢。"墨墨的爸爸赞扬说："梅子，你真棒。将来一定会是个有出息的建筑师。"梅子听到叔叔的表扬，又开始琢磨在楼旁建个大花坛。可是不多一会儿，梅子就哭了起来。

墨墨的爸爸正在书房里看书，听到梅子的哭声马上跑过去问："梅子，你怎么了？"梅子边哭边说："我搭的高楼让墨墨给推倒了。"可不是，梅子的高楼没了，积木都撒了一地。墨墨的爸爸走到儿子的身边，对他说："如果你花了很长的时间才搭出了那么高的楼房，被别人一下就破坏掉了，你会怎么想？"墨墨说："伤心，不高兴。"爸爸又对他说："那你认为把梅子的楼房弄坏了，是对还是不对呢？"他摇摇头说："不对。"爸爸接着问道："既然你知道这样做是不对的，那该怎么办呢？"墨墨眨了眨眼睛说："我去向她道歉。"

墨墨马上走过去对梅子说："梅子，对不起。我不该把你搭的积木推倒。"爸爸又问墨墨："你愿意帮梅子重新再搭一座高楼吗？"墨墨高兴地点点头说："好的。"接下来，墨墨和梅子开始一起合作搭高楼。不多一会儿，他们俩就搭好了一座更高、更漂亮的高楼，下面还有个大花坛。两个孩子的脸上都露出了笑容。

处于成长阶段的孩子会经常犯错误。也正是一个接一个的错误，使孩子懂得了更多的道理，不断地成长起来。父母要想让孩子勇于认错，学会道歉，首先要有这样的认知：孩子要为自己的错误承担道义上的责任，以礼节或者行动征得对方的理解和原谅。

认错道歉在人际关系中有很重要的作用，可以使错误的行为得到宽恕，可以消解对方的怨气，平息彼此的争斗。父母只有对认错、道歉有了非常明确的认知，才能从人生意义的高度看待孩子的错误，使孩子规范自己的行为。

认错道歉看起来是小事，却是道德规范的重要表现。但是，有些孩子在做错事时，害怕承担后果而不承认、不认错。如果能像少年乔治那样战胜这种恐惧，也就敢于认错、道歉了。还有的孩子，即便明知做错了事，也"死不认错"。对于这样的孩子，父母先不要去追究孩子错误的大小，而是应把重点放在如何帮助孩子承认错误上。首先要本着实事求是的态度，是谁的错就是谁的错，不要帮孩子找借口，以免混淆孩子是非观。其次要鼓励孩子说实话，以宽容的姿态告诉孩子，做错了事没关系，只要勇敢地承认错误并愿意改正，就是好孩子。同时指出，做了错事又不肯承认、不肯道歉是错上加错。这样的人不会有朋友，大家也会避之唯恐不及。孩子比成年人还喜欢与朋友在一起，一旦他们意识到认错道歉在人际关系中的重要性，也一定会努力为之。

"特里法则"由美国田纳西银行前总经理 L. 特里提出，包括两项内容：一是承认错误是一个人最大的力量源泉；二是正视错误的人将得到错误以外的东西。核心意思是敢于认错本身就具有很大价值。父母只要弄懂了"特里法则"，就能把孩子犯错误作为其成长的契机，挖掘"知错就改"的潜在价值。

孩子忌妒他人时，告诉他要心胸开阔

忌妒是与他人比较，发现自己在才能、名誉、地位或境遇等方面不如他人而产生的一种由羞愧、愤怒、怨恨等组成的复杂情绪状态。忌妒心理是一种破坏性因素，对孩子正常的学习、生活，乃至未来的人生都会产生消极影响。不可否认，忌妒是大多数人都有的人性弱点。在孩子的成长过程中，如果不能及时化解其心中的忌妒，那么孩子就会对被忌妒者持有冷漠、贬低、排斥甚至敌对的态度，陷在极度压抑的心理境域中。而为了排遣这种痛苦有的孩子会做出伤害他人或自残的行为。如果教会孩子心胸开阔，使孩子怀着一种豁达的态度正确看待才能、名誉、地位或境遇的问题，便能让孩子健康快乐地成长。

儿童心理学家认为，孩子在学习和各项活动中都有很强的竞争性，这往往容易使他们在内心产生程度不同的忌妒心理。孩子在忌妒他人时，自身被不安、困惑、焦虑、愤恨等不良情绪困扰，会变得卑下、偏狭、丧失理智和信心，经常会贬低他人，自身也易放弃对理想信念的追求，从而成为一个自甘堕落的人。孩子的忌妒心理还会导致严重的人际关系障碍，造成集体内部互相积怨，给集体中的其他人带来许多负能量。

张亮是初中二年级的一名男生，学习成绩在班级里名列前茅。有一次，班里举行演讲比赛，开始是小组赛，然后小组中的获胜者，参加班里的决赛。张亮对演讲不感兴趣，表现得也不积极，最后他很不情愿地进了一个组。由于没有做赛前准备，小组赛时就被淘汰了。在四个小组的优胜者进行演讲 PK 时，张亮看了看自己组里的同学，又看了看其他组里的同学，脸上露出了鄙夷的神色。其他同学都听得很认真，场上妙语连珠，场下掌声阵阵，气氛十分热烈，可是张亮在一旁却自言自语道："有什么呀，一群胡说八道的家伙，讲得乱七八糟，竟然还有人鼓掌。"演讲比赛结束时，老师对每个小组都给予了表扬，并对这次演讲比赛中表现最好的小组予以奖励。张亮看到同学们高兴的样子，甩下一句"真是井底之蛙，有什么了不起的"就推门而去了。

回到家里，张亮跟妈妈说了班里搞演讲比赛的事情，还对妈妈说："一群人瞎嚷嚷什么呀。就这水平，老师也好意思表扬，要是我当老师，都把他们贬到地底下去。"妈妈听了张亮的话，知道是他的忌妒心在作祟。

张亮的妈妈是位心理咨询师，知道忌妒心于自己、于他人都是一种有害无益的心理痼疾，她对儿子说："妈妈给你讲一个寓言故事，你想不想听呢？"张亮说："我正烦着呢，听个故事也不错。"妈妈讲道："有个渔夫在海边打了几只螃蟹，他拿回家放在盆子里，对妻子说，这些螃蟹不到一个星期就会死光的。妻子不相信，因为这盆子很浅，不出一个小时，螃蟹可以全部爬出来。可是过了一夜，螃蟹还都待在盆子里。原来所有螃蟹的忌妒心太强了，每当有一个螃蟹想要爬出去的时候，别的螃蟹就把这只想向外爬的螃蟹再给拉回盆子里。结果就几天时间盆子里的水都蒸发了，螃蟹也都死掉了。如果你们班的同学都有你这种心理，互相扯后腿，大家还怎么能进步呢？演讲能力需要在实践中提高，这次你没有取得好成绩，下次认真做准备，你不仅能战胜班级里的高手，也许将来还能成为演讲家呢。只有看到别人的长处，往上追赶才能进步呀。你说是不是呢？"张亮想了想说："妈妈说得有道理，我需要换个角度看问题。"

忌妒心强的孩子，通常以"自我"为中心，只能在他人之上，不甘居他人之后，稍不如意便顿生妒意。要祛除这一心理弊病，必须教育孩子走出自我的小圈子，克服狭隘偏见、傲慢自大等缺点，加强自我道德修养。要知道"山外有山，人外有人"，事事处处解他人、信任他人。有了海纳百川的胸怀，不仅会发现他人许多长处和优点，而且对他人的某些不当之处也会容忍。这样，与同学、伙伴的关系就会变得融洽和谐。很多孩子好胜心强，总希望自己处处超过别人，这无可厚非。但是好胜心强的孩子往往忌妒心也都很强，父母要认真疏导，利用孩子的好胜心、自尊心激发他的竞争意识，使他通过积极努力超越他人、超越自我。

听出孩子的报复心，让他学会宽容

宽容是一种美德，也是一种为人处世的智慧。

三国时期的蜀国，诸葛亮去世后由蒋琬任丞相。他的下属、任丞相府主簿的杨戏，性格孤僻，不善言辞。蒋琬与他说话，他也是只应不答。有人看不惯，在蒋琬面前打抱不平："他这个人对您如此怠慢，真是太不像话了。"蒋琬听后却坦然一笑，说："人各有志，脾气秉性大不同。让杨戏当面赞扬我，那不是他的本性；让他当着众人的面说我不好，他也会觉得我下不来台。所以，他只好不作声了。其实，这正是他为人的可贵之处。"蒋琬不仅对杨戏对自己的不恭加以宽容，还重用他，几次提拔他。

台湾作家林清玄说："什么是成功的人？就是今天比昨天更有智慧的人，今天比昨天更慈悲的人，今天比昨天更懂得爱的人，今天比昨天更懂得生活美的人，今天比昨天更懂得宽容的人。"宽容是成功者必备的重要品质，但更重要的，宽容也是一个孩子将来在社会上健康发展的能力。父母应该在生活中引导孩子学会宽容。

有个男孩的爸爸知道自己的儿子有容易发脾气且心胸狭窄的毛病，平时总是劝导儿子与小朋友相处不要斤斤计较，但是儿子似乎没有听进去爸爸的话。

有一天，爸爸正在收拾庭院，儿子气冲冲地推开院门跑了进来，对爸爸说："今天踢足球的时候，明明是应该我射门，汤姆却夺过去抢先射门了。他让我在队友面前丢脸，以后我也不会让他好过。"父亲听了这句话，就知道儿子又犯了小心眼的毛病，但是他没有像往常那样对儿子来一番说教。

爸爸默默地走到墙角，找到一袋木炭拿过来，对儿子说："你把前面挂在绳子上的那件白衬衫当作是汤姆，把这个袋子里的木炭，当作你不让他好过的工具，你用木炭砸衬衫，看看你把木炭砸光后，会发生什么情况。"

男孩觉得这个游戏很好玩，他拿起木炭就往白衬衫上砸，一块又一块砸得十分起劲。但是，由于衬衫挂在比较高的绳子上，他把木炭扔完后，只有几块砸在衬衫上。爸爸看着满脸汗水的儿子问道："你觉得怎么样？"他说："累死我了，但我现在很开心，因为我有几块木炭砸中了，白衬衫上有几个黑印。"父亲看到儿子没有明白这个游戏的用意，就让儿子去照照镜子。

男孩来到一面大镜子前，看到的是自己浑身包括脸都沾到了黑炭粉，只有牙齿是白色的。爸爸这时对儿子说："你看，白衬衫并没有特别脏，而你自己却成为了一个'黑人'。这个游戏说明，你想让别人发生不好的事情，结果最先倒霉的却是你自己。更何况，踢足球需要团队协作，只要能进球就好，不要计较个人的面子。"男孩听了爸爸的话终于释怀。第二天早晨，他见到汤姆时非常友好地捶了一下他的肩膀，两人哈哈大笑起来。

听孩子讲胜过对孩子说

心理学上有个著名的"晕轮效应"，意思是，人们对他人的认知判断首先是以个人的好恶为出发点，然后再从这个判断推论出认知对象的其他品质。因此，处理问题时存在以点概面或以偏概全的主观现象。父母要让孩子懂得遇事不要固执己见。因为每个人都是社会人，不能成为独立存在的个体。孩子要从小学会宽容，懂得与他人相处的艺术。有能力在集体中营造出快乐和谐的氛围，不仅愉悦自己，也愉悦他人。如果没有宽容之心，凡事斤斤计较，自以为是，就会成为不受欢迎的人，必然寸步难行。"海纳百川，有容乃大。"具有雅量气度，才会有更精彩的人生。

弄清吵架的原因，"大气量"使他与小伙伴和好如初

孩子吵架是件很正常的事情，尤其是男孩子在外吵架、打架犹如家常便饭。尽管父母会因为孩子这些过分的行为而烦恼，但事实上，吵架也是一个交流的过程，一个规则制定的过程，更是孩子长大必不可少的过程。

孩子在外面吵架了，回到家里经常会一脸委屈。父母也极容易被孩子的情绪感染，而忘记了要理性分析孩子为什么吵架，吵架后要如何恢复关系。小孩子吵架后，父母要帮助孩子自己去分析对错，了解孩子对事情的看法，从而帮助他们正确处理与小伙伴的关系，提高分析问题和解决问题的能力。

有一天，天昊气急败坏地跑回家，对妈妈喊道："妈妈，气死

我了。刚才打篮球的时候，博文嘲笑我上篮的姿势不好看，我就和他吵起来了，结果他哭着跑回家了。我再也不要理他了。多大点事呢，至于哭吗！"说完后，还是一脸的愤愤不平。

妈妈听了天昊的话眨了眨眼睛，对他说："昊昊，好朋友间的感情很珍贵，尤其是儿时的玩伴，你们之间的感情是最真挚纯洁的，如果因为打篮球这样的小事就闹别扭，谁也不理睬谁，是不是不值得呢？""可是，是博文先嘲笑我的！"天昊还是感到很委屈。"是啊，但是我们的昊昊可是个男子汉，斤斤计较不太好。如果你多一些宽容和体谅，就会和小伙伴相处得很好。所以，赶快和博文和好如初吧。"天昊一脸为难地说："妈妈，怎么样才能跟博文和好呀。他肯定还会不理我的。"妈妈听了儿子的话后，说："两个人吵架，不管是什么原因引起的，错的都不是一个人，你只要向他承认自己的错误，请求他的原谅，他一定会与你和好的。"听完妈妈的话，天昊就笑了，说："那好，我这就去找博文。"说完就跑出去找原本不想再理睬的小伙伴了。两人见面不到 5 分钟，就一起快快乐乐地去打羽毛球了。

为什么天昊的妈妈劝导的话，儿子能听进去并转化为行动了呢？首先，妈妈没有不由分说地先责骂孩子一顿，这说明她很有涵养，同时温和的态度也营造出了一个很好的沟通环境。最重要的是，妈妈从天昊的话中，听出了孩子吵架是因为小事，而因为这种计较伤到友情是不值得的，并从而让儿子认识到了友情的重要性。妈妈动之以情、晓之以理地加以劝导，所以孩子很快便被说服，做出了正确的决定。

有很多家长却不这样做。知道孩子与小伙伴吵架后，首先是问孩子是否吃亏了。如果孩子动手占了便宜，家长就会夸自己孩子是好样的；如果便宜占大了——把小伙伴打坏了，家长要承担责任，就会呵斥孩子，甚至打骂孩子。如果知道孩子在外挨了打，就立刻带着孩子去找小伙伴的家长"评理"、讨"公道"，同时还不忘告诫孩子再也不要和这个小伙伴玩耍了。有时候，家长"评理"不成、情绪难平，还会互动拳脚。因为孩子吵架、打架父母出手，这不是在爱自己的孩子，而是在害自己的孩子，将给孩子造成非常严重的负面影响。

孩子还小不懂事，很容易和小伙伴吵架。家长既不必大惊小怪，也不必劳师动众，而是要认真听孩子的讲述，分析孩子吵架的根源在哪儿，像天昊的妈妈那样劝导孩子重视情义，以宽容之心对待朋友，主动化解隔阂，友好相处。

在平时的生活中，父母就应该主动劝导自己的孩子不要动手打人，把动手打人的利害关系和孩子讲清楚，孩子渐渐学会和对方商量着做事，而不是一意孤行。

父母学会理智地看问题，而不是用武力帮助孩子解决问题，进一步讲，即使现在帮助他解决了，如果孩子心里埋下了暴力解决问题的种子，长大了犯下更严重的错误，到时父母无能为力，只能由社会来教育他，就来不及了。

第八章

倾听孩子的心灵呼唤，用智慧培养精英素质

　　精英人物的素质包括自信、胆识、魄力、凝聚力、坚定的意志、责任担当意识等。这些素质的培养不是一日之功，而要从孩子懂事时开始，不断地加以锻炼和强化。这就要求父母有丰富的学识，在倾听孩子、观察孩子时能给予其多方面的指导。帮助孩子树立"修身、齐家、治国、平天下"的雄心壮志，并从完善自我做起，从帮助身边的人做起，从承担社会责任做起，具备正确的人生观和价值观，长大后成为一个具有创造力、领导力的人才。

从孩子的反驳中听出人生志向

中国父母都喜欢让孩子听话，让孩子按照自己的意思去做事。其实这样的教育模式很压抑孩子的个性。尤其在孩子兴趣爱好方面，父母把自己的想法强加给孩子，如果孩子不喜欢，再不允许他们反驳，那样就会影响孩子成才。另外，若其负面情绪得不到释放，时间一长就什么话都不喜欢和父母说了，严重者还会采取一些极端方式，诸如故意挑衅或自残等，来和父母对抗。父母认真倾听孩子的反驳，再对孩子的话进行认真的分析，如果孩子说得有道理，就应该尊重孩子的意愿。

李宁的父亲李世波是一名小学音乐教师，在李宁5岁时就开始教他拉琴、唱歌，每到周末，家里会开上一个小小的演唱会，父亲操琴，母亲击掌，姑姑伴舞，主角是李宁。那时的李世波，似乎看到了自己的新希望——在音乐上未能实现的梦想可以由儿子实现了。这是花多少代价都值得的事情，不惜全家人的精力来举办家庭音乐会，也是希望通过这些方式给儿子以音乐上的熏陶。由此可见父亲的希望之巨大，用心之良苦。

但是，这样倾全家之力打造儿子的结果却有些不尽如人意。李世波失望地发现，经过这样的"操练"，李宁的音乐水平并没有多大长进，而且学琴时经常心不在焉，为了逃避练琴和唱歌，他放学后总是很晚了才一身尘土回来。对此，父亲原来的激情完全被恨铁不成钢的失落所代替。

有一天，李世波想看看李宁放学后到底干什么去了。他来到学校后，发现李宁先是趴在体操室的窗台上目不转睛地往里看，然后又跑到操场的沙滩上翻起筋斗来。李世波看到这些后，心里非常生气，跑过去拉李宁回家，说："你怎么这样不懂事，马上回家拉琴。"李宁眼泪汪汪地反驳说："爸爸，我不喜欢唱歌拉琴，你让我练体操吧。"这句话把李世波说愣了，他看着一身沙土的儿子，觉得自己的梦想是彻底破灭了。但他并没有因此而绝望，也没有因此怪罪儿子，身为教师的他明白这个理儿——音乐乃人之心声，勉强不得；与其拉牛上树，不如放之青山。第二天上学时，他对李宁说："爸爸想好了，支持你学体操。"

李宁的父亲是个"言必行，行必果"的人，他马上把6岁的李宁送到了体操队，让他开始了运动员生涯。练体操非常艰苦，而且经常会受伤，李宁的母亲多次想把儿子接回去，但李世波看到儿子非常努力和用心，很坚定地支持儿子的体操训练。

李宁后来成了体操界的巨星。在他获得巨大成功后，有记者问他最感谢的人是谁，他毫不犹豫地说："是我的父亲。假如他没有放弃初衷，也就没有我的现在。"

事实充分证明，假如李宁的父亲没有认真听儿子的反驳，支持儿子的选择，而是一味地让他练声、学琴，在他没有兴趣的情况下强制其学习，无论如何都实现不了音乐家的梦想，而中国却会失去一个震惊世界的"体操王子"。

日本教育家木村久一说："天才，就是强烈的兴趣和顽强的入迷。"在培养孩子方面，家长千万要尊重孩子的选择。只有沿着孩子的兴趣去培养、辅导、教育，才能激起孩子的求知欲和创造力。如果孩子的兴趣与自己想要实现的目标南辕北辙时，首先要调整思路的是父母，而不是迫使孩子去改变。如果强行让孩子去学习他不感兴趣的东西，不仅浪费时间、财力和物力，也会使孩子非常痛苦。

有个女孩子，6 岁时妈妈为她请名师辅导她学习小提琴。一学就是六年。按理说，接受六年的小提琴教学，素质再差也该拉出像样的曲调了，但是这个女孩子好像是让六年的时间凝固了一般，她拿起小提琴时，仍然曲不成曲，调不成调，连最基本的音阶也拉不准。

教这个女孩拉小提琴的老师曾用"铃木小提琴教学法"培养出很多优秀人才。据说这种非常有特色的教学方法，在不懂得音乐理论的孩子们中间取得了相当大的成功。但是，这种方法却在这个小女孩这儿遭遇"滑铁卢"。结果，家长花了 20 多万元，浪费了孩子六年的宝贵时间，到头来也只好放弃培养女儿成为小提琴家的梦想。

在中国的家庭教育中，如此情况比比皆是。试想如果发生在李宁的身上，那将是多么可悲啊。但是，李宁的父亲是教师，懂得认真分析孩子的反驳，没有犯下那么愚蠢的错误。

这两个故事说明在给孩子进行智力投资之前，要先问一问孩子，想要学什么？对什么最感兴趣？尤其在孩子反驳、对抗的时候，不要固执己见。只有正确地把握孩子的学习方向和未来发展的目标，所有的付出才是值得的。

心理学家认为，人的兴趣有三个阶段：一、有趣阶段；二、乐趣阶段；三、志趣阶段。著名数学家徐利治说："兴趣使人忘记疲劳；乐趣使人精神充实；志趣使人坚毅持久。"一个人的兴趣在这三个阶段上得到很好的发展，就成就了他卓尔不群的才华。

父母在培养孩子时既要盯住孩子的兴趣不放松，还要铭记现代教育的经典格言："没有正确的目标，就没有最佳的教育方式。"家长把资金和精力投放在孩子没有兴趣的事情上，就如同选错了目标，往往是白忙乎一场。

英国商人霍布森贩马时，把马匹放出来供顾客挑选，但附加上一个条件，即只许挑最靠近门边的那匹马。显然，加上这个条件实际上就等于不让挑选。对这种无选择余地的"选择"，人们讥讽其为"霍布森选择效应"。这就启示父母在培养孩子时，不要让孩子做没有选择的"选择"。

倾听歌与哭，引导入情入理更入心

孩子的家庭教育不仅从细节开始，更需要对细节进行挖掘。孩子的一句话、一个表情、一次歌唱、几句哭声，都是父母需要认真关注的教育细节。如果孩子在生活中有细节被父母发觉，进行入情入理又入心的引导和启发，那么家庭教育就一定会变得非常成功。现在有不少父母将注意力放在孩子的智力开发、特长培养上，关心孩子的学习成绩、考试分数、考级证书，对孩子在学习、生活、品德方面的细节关注得比较少，也不知道从细节中寻找教育良机。只关心学业的结果，不仅看不到自己所希望的，而且还会因为本末倒置，留下无法弥补的缺憾。

民国时期，有一位父亲在北京大学中文系任教。这位学富五车的父亲在教育孩子时特别讲究循循善诱，让孩子从家庭氛围里得到文化熏陶。为了教孩子学音乐，父亲去拍卖行买回一架旧风琴。琴搬回家后，由他弹琴伴奏，孩子们唱起了校歌："啊，我们亲爱的孔德，啊，我们的北河沿！你永远是青春的花园，你永远是美丽的王国……"父亲听孩子唱完歌，没有一句夸奖，只是幽默地说："北河沿是一条又脏又臭的水沟，我天天去北大时都从那里经过，里面常泡着死猪、烂狗，臭烘烘的，怎么能说是'青春的花园'、'美丽的王国'呢？这个歌写得太不客观了，这不是培养学生们睁着眼睛撒谎吗？你们以后不要再唱这首歌了。"

接着，父亲就教孩子们唱进步歌曲，他一边弹琴，一边用低沉的声音唱着每一句歌词。他告诉孩子们说："我们在家里唱进步歌曲的声音不能太大，如果让街上的警察、特务听见了，他们会把我们逮起来的。"他先把歌词大意讲解给孩子听，并且用一位穷苦大伯一年辛辛苦苦地劳作，全家还是吃不饱穿不暖的例子，帮助孩子领会歌词的意义……结果，他没教唱几遍，孩子们就都会唱了，而且深深地爱上了这首有时代意义的歌。这位父亲后来还教会孩子们唱《少年先锋队歌》等革命歌曲。

由于环境关系，这位北大教授有相当长一段时间将妻儿安顿在河北老家。他在放暑假回家时给每个孩子买回一包礼物，有笔、墨、方格字帖。孩子们很高兴，立即研墨展帖，兄弟姐妹几个坐在八仙桌前写了起来。女儿生平第一次临帖写大字，她左临一张，看看不像，右临一张，看看还是不像，气得小脸发红。她放下笔，躲到后院的角落里偷偷地抹眼泪。父亲和母亲悄悄望过去，发现女儿在哭，母亲想过去问个究竟，却被父亲拦住了。

他说："女儿哭的原因不是明摆在那里了吗？"母亲有些莫名其妙。父亲进一步解释说："如果一个小女孩，在削铅笔时一不留神，划破了自己的手指。虽然手很疼，但是她把伤口包了起来，生怕别人包括自己的父亲母亲发现，直到伤口长好了才给人看。你说这是一种什么心理呢？这就是女孩的一种好胜心，你明白了吗？"母亲这才恍然大悟。

等到女儿的情绪稳定了，父亲把她叫来，一同走到八仙桌前，指着女儿写的字先进行了肯定："你的字写得很好，有点像魏碑帖上的。因为这是你第一次临帖，写得还不大整齐，笔画有些不连贯。字有的个儿大，有的个儿小，要是天天耐心练习，就一定会写得更好了。你看，你哥哥写得也不整齐呀，可是他不着急，沉得住气，只有这样，将来字才能越写越好。"

父亲的话使女儿受到很大的鼓励，同时也使她了解到自己遇事不冷静，容易急躁的缺点。从此，女儿不仅天天练习写大字，而且性情也变得比以前沉稳多了。长大后她长期从事教育和民间文艺的研究工作，是一位优秀干部。

孩子的成长是个漫长的过程，成长之路也是由一件件小事构成的。李大钊教育孩子特别注重从细节、从小事上入手进行教育和引导。不同的是，这位父母不是在孩子做了错事后严厉施教，而是进行了正向引导。

孩子在青少年时期有纯真、好动、好奇的年龄特点，他们思维幼稚，想象力丰富，他们的学习特点属于感性驱动型，由兴趣主导，习惯机械记忆。这位教授父亲在培养孩子的兴趣方面，为家长们提供了很好的经验。身为父母要尊重孩子的特点，因势利导，保护好孩子的求知欲。在这方面要注意两点：一是要培养孩子的耐力。孩子能在自己喜欢的事情上较长时间集中注意力，是将来能坐住板凳，认真做学问、干事业的先决条件，因此家长要注意孩子在恒心和意志的培养。比如喜欢拆装机械，就要让他拆开之后再安装好，不要一拆了之，形成了做事有始有终的好习惯，就具备了成才的基本素质。二是父母不能操之过急。父母在培养孩子兴趣爱好的过程中，要遵循规律，循序渐进。有的父母让孩子学钢琴，就规定了什么时间一定拿下几级证书，操之过急，反而使孩子产生逆反心理，得不偿失。如果目标定得太高，远远超出孩子的实际能力，就会挫伤孩子的积极性。所以在培养孩子兴趣爱好方面，家长心里的尺度和孩子成长的速度拿捏得当尤为重要。

孩子的成长是个漫长的过程，成长之路也是由一件件小事构成的。孩子在青少年时期纯真、好动、好奇，他们思维简单，想象力丰富，他们的学习特点属于感性驱动型，由兴趣主导，习惯机械记忆。

身为父母要尊重孩子的特点，顺势利导，保护好孩子的求知欲。在这方面要注意两点：一是要培养孩子的持久性。孩子能在自己喜欢的事情上较长时间集中注意力，是将来能坐住板凳，认真做学问、干事业的先决条件，因此家长要注意孩子持久性的培养。比如喜欢拆装机械，就要让他拆开之后再安装好，不要一拆了之，形成做事有始有终的好习惯，就具备了成才的基本素质。二是父母不能操之过急。父母在培养孩子兴趣爱好的过程中，要遵循规律，循序渐进。有的父母让孩子学钢琴，就规定了什么时间一定拿下几级证书，操之过急，反而使孩子产生逆反心理，得不偿失。如果目标定得太高，远远超出孩子的实际能力，就会挫伤孩子的积极性。所以在培养孩子兴趣爱好方面，家长心里的尺度和孩子成长的速度拿捏得当尤为重要。

听出孩子的不坚定，给他一个成才宝典

一个人能否成才一方面取决于智力因素，另一方面取决于意志力。一个聪明而意志力又坚定的人能战胜知识积累过程中的任何困难。但是，孩子的天性是活泼好动，让他们长时间从事枯燥的学习是非常困难的。身为父母一定要培养孩子忍受寂寞的能力。在孩子意志不坚定时，告诉孩子不放弃才会有希望。

德国男孩子巴赫出生在音乐世家，他从小就展现出与其他孩子不同的音乐天赋。3岁时，巴赫的叔叔与他的父亲商量，让巴赫开始学习音乐。巴赫的父亲一开始并不同意，他不想让孩子在小小年纪，就陷入枯燥的练习中，但是，禁不住弟弟的一次次劝说，就勉强同意了。

无论多么有音乐天赋的孩子，都不会生下来就会拉琴，巴赫也不例外。每天都做着推、拉、揉等简单动作，拉琴像拉锯一样难听，吱吱嘎嘎不堪入耳。有很多人就是因为不堪忍受初学时的枯燥和噪声，才最终放弃练习的。巴赫也对父亲说："我不想练琴了。"

巴赫的父亲是一位很有名的小提琴乐手，知道儿子只要不放弃，很快就会度过困难期，他对巴赫说："你是个有音乐天赋的孩子，只要能耐住寂寞坚持下去，就会成为伟大的音乐家。"

从此以后巴赫每天站在院子里的草地上拉琴，手指疼了就拔几

根草，用清凉的草汁止痛。巴赫就在一天比一天好听的琴声中坚持下来了，不幸的是院子里的那块草地，被他拔秃了一圈。更不幸的是在他10岁那年父母相继去世。他的长兄承担了培育他的责任。星移斗转，巴赫不仅在学校里学习成绩非常优异，而且对音乐的酷爱也与日俱增。为了得到当时最著名的音乐大师的作品，他曾借着月光日复一日地抄写乐谱。为了向著名的音乐家学习，巴赫经常是徒步几百里登门求教。由于哥哥家的经济条件不好，他无法接受正规的音乐教育，他的音乐才能完全是凭着高山一般坚定的意志和百折不挠的精神获得的。

继小提琴后，巴赫又学习中提琴、管风琴等乐器，18岁就当上了多处教堂的宫廷乐长和管风琴师。巴赫一生以管风琴闻名于世，他创作了200多部音乐作品。这些作品在他逝世后，将近一百年才得到音乐界的认可和重视，而被奉为经典。如果不是耐得住寂寞，巴赫不会坚持下去，父亲的教导让他受益一生。

苏联教育家克鲁普斯卡娅曾说过："家庭是一个人成长的摇篮。父母是儿童最好的教师，他们给予孩子的教育比所有学校教育加起来还要多。"学习意志力的培养对任何一个孩子的成长都是至关重要的，因为学习意志力不仅能帮助孩子树立远大的理想，还能帮助孩子在学习时充分发挥自身的主观能动作用，克服学习上的困难，实现自己的既定目标。学习意志力作为一种巨大精神力量，能调节孩子的心理适应能力，是孩子一步步走向成功不可缺少的心理素质。学习意志力是引导和促进孩子学习、成长的一种内驱力，它对孩子智力与技能的发展起着发动机一般的推动作用。能使孩子自觉地克服困难，从一个阶梯走向另一个阶梯。

学习意志力较强的孩子，对自己感兴趣的专业、门类的学习，能保有持久力及与困难和挫折抗争的韧性。反之，学习意志力弱的孩子往往缺乏进取的自信心，学习上没有持久性、坚定性，容易朝三暮四。看似心中目标明确，实则是被盲目性所驱使，这样的孩子只有在得到学习的指令或者任务时才表现出积极性，而且很快就会受到他人的影响，对学习缺少持之以恒的精神。父母在培养孩子学习意志时，要帮助孩子把外部因素转化为自我教育因素。正如孟子所说："君子深造之以道，欲其自得之也。"每个孩子都有积极、能动的内在因素，只要学习意志力树立起来，就会像德国男孩子巴赫那样自动、自觉地去努力。

父母在培养孩子的漫长岁月中，要时刻利用"蘑菇定律"坚定孩子的信念。心理学上的"蘑菇定律"是指，长在阴暗角落的蘑菇因为得不到阳光又没有肥料，常面临着自生自灭的结局，只有长到足够高、足够壮的时候，才会被人们关注。寓意是，人的成长道路是曲折的，战胜苦难、荆棘的人，则能突出重围，拥抱成功。父母要引导孩子，无论环境发生怎样的变化，都要奋力向上生长，当自己成为一个"足够高、足够壮"的大蘑菇时，就离成功不远了。

当孩子绝望时，给他"走出去"的建议

孩子在面对不能承受的挫折或遭遇很小的失败时，都会表现出一些很极端的行为，这种心理状况被称为心灵脆弱，也叫脆弱心理。一个心理脆弱的孩子面对事情向希望的反方向发展，原本的美好计划落空时，心中会不由自主地产生失望或绝望的情绪。

一旦孩子感到绝望时都会对未来持有消极观念、消极期待。将负性生活事件归因于自身的内部原因时，会把消极影响扩展和渗透到学习、生活的各个方面，因而使失望、绝望的心理得到强化，时间一长会导致抑郁。

能对孩子造成心理伤害的负面情绪，包括拒绝、孤独、丧失、内疚、失败等。父母发现孩子情绪低落，首先要了解清楚他发生了什么事，然后无论是什么事，都要表示自己是关心他的、支持他的，并让他感到你是他的精神支柱。并且尊重他的选择，引导他做出积极的决定。告诉孩子，凡事都有不尽如人意之处，只要尽力了，无愧于心就好。人生的道路很漫长，以后还会经历各种事件的考验。

失望、绝望都是心理困境。美国华盛顿大学教育系教授刘京秋，针对学生遭遇的心理困境说过这样一段话：大多数情况下，学生进行倾诉后，情绪会很快趋于平静，智商随即恢复，这时提供帮助的人只需稍稍指点一下，其思维就会进入感悟的光圈，想到解决的办法。即使当时没有立即找到解决方法，释放了心理压力，再用些时间适应和调整，也能摆脱心理困境。

孩子陷入困境时，父母要像一位智者那样引领孩子走出困境。困境之所以是困境，是因为看不到希望。而希望之光也许就在不远处闪耀，让孩子望见，一切都将焕然一新。

在一个风雨交加的夜里，闪电引发安迪家的庄园起火，庄园里的树木都被烧毁了。这使家族继承人安东尼奥陷入无比的悲痛中，整日闭门不出、茶饭不思。

有一天，安东尼奥对妈妈说："庄园成了废墟，我感到非常绝望，我该怎么办呢？"妈妈意味深长地说："儿子，庄园成了废墟并不可怕，可怕的是，你的眼睛失去光泽，一天比一天暗淡，一双暗淡无光的眼睛怎么能看到希望呢。你应该出去走走，看看外面的阳光，吹一吹清爽的风。"

安东尼奥在妈妈的劝说下，决定出去走走，他一个人走出庄园，来到了大街上。在一条街道的转弯处，安东尼奥看到一家杂货店门前人头攒动，走近细瞧，原来是一些家庭主妇正在排队购买木炭，纸箱里一块块乌黑的木炭让安东尼奥眼前一亮。他的心中升起了一线希望，便兴冲冲地回到了庄园。

在接下来的日子里，安东尼奥雇了几名烧炭工将庄园里烧焦的树木加工成优质的木炭，然后送到街上的杂货店里销售。由于木炭的质量好，深受家庭主妇的欢迎，安东尼奥赚到了可观的收入，他用这笔钱购买了一大批树苗，重新栽到庄园里，郁郁葱葱的小树让庄园焕发了生机，第二年春天灌木成林，一个更美更茂密的庄园诞生了，安东尼奥和母亲的生活更加幸福快乐。

在高速发展的现代社会，每个人都承受着很大的心理压力，如果被残酷的现实逼迫到了绝望的地步，人就容易走上绝路。对于如何解除心理压力，刘京秋教授曾介绍过开"诉苦会"的办法。青年人组织起来，每个月开一次周末"诉苦会"，谁想来谁就来。地点设在小餐馆或咖啡店，各自聊聊现状，吐吐苦水。因为都是"患难"同学，互倒苦水，没有面子的顾虑。他们的苦水可能来自于课程学习的压力，可能来自人际关系，也可能来自家庭中的糟事。"诉苦会"上往往有人洒泪，大家会为彼此出主意、排忧解难，散会后大家都觉得从自缚的困境中释放了许多，又重新开始下一周的生活。

当孩子遇到打击或挫折，变得一蹶不振、郁郁寡欢时，父母一定要认真倾听他们吐苦水，充分理解他们所处的困境，用孩子能听得进去的话语给其指出希望！告诉孩子："山重水复疑无路，柳暗花明又一村。"只要你不气馁，不让心灵荒芜，就一定有一条光明的路可走。

听出孩子的奢求之念，讲清"奢无德"的道理

现代社会物质极大丰富，人们的生活水平也在逐渐提高，"节俭"这个话题听起来好像过时了。但事实上，俭与奢并不仅仅是物质的无和有、少与多的表面问题，而是涉及心灵水准的重要标尺。通俗地讲，就是价值观和人生观的问题。如果小孩子从小没有让"俭养德"的理念在心里扎根，他在长大时就可能会自毁前程，如果父母这时才认识到"奢无德"，一切都悔之晚矣。

曾国藩虽不是富甲一方，但是他为官多年，也算得上殷实富足。但是，曾国藩牢记白居易的话，"奢者狼藉俭者安，一凶一吉在眼前"。在生活上非常节俭，在官场上人们一直见他身穿粗布衣服出行，而其家中也没有什么值钱的奇珍异宝，反而陶冶情操的书帖字画随处可见。

曾国藩经常不时地告诫子女："虽家中境地宽裕，切不可忘却先世之艰难。"在孩子们很小的时候，曾国藩就培养他们养成勤俭节约的好习惯。

有一天，曾国藩的儿子向母亲讨要一两银子，母亲想了想，觉得一两银子也不多，就拿出来给了他。曾国藩知道此事，不仅责怪

了妻子，还找来儿子问他为什么向母亲要那么多银子。

儿子解释说："我的同学们个个身上都有好几两银子，每次出去用餐、游玩时，我的钱总是不够，非常丢人，所以带上一两银子以备不时之需。"

曾国藩接着问道："你和同学都在哪里用餐，到哪里去玩了呢？"儿子逃不过父亲的责问，只好实话实说。

曾国藩听说儿子和同学们去名贵的酒楼用餐，到娱乐场所里花大价钱玩耍，他立刻大怒，训斥儿子说："你们这些孩子，小小年纪就奢侈浪费、过花天酒地的生活，真是大逆不道！咱们家已经为你准备了各种好的食物，也有花园供你消遣玩耍，你却还嫌不够，还不满足。你知道不知道有多少穷苦人家的孩子连学费都没有啊！你应该好好珍惜现在的学习生活，不要把金钱、时间消耗在吃喝玩乐上！"儿子见父亲如此愤怒，只好承认错误，并向父亲保证坚决不再做这类事情。

从此以后，曾国藩就规定孩子们上学不可多带银两，逢年过节也不许随便花钱消费。曾国藩有一个儿子早年夭折，受此影响妻子对小儿子十分宠爱，常常偷偷地塞给他一些额外的零花钱，曾国藩知道后，训斥妻子是在用钱来害儿子，并严肃地告诫她说，如果再发生这样的事，将以家法处置。

以这件事为例，曾国藩还要求每个孩子将日常开销列出详细的清单交给他，以便他随时检查。这项列清单的规矩一直持续到孩子长大成家以后。

正是因为有了曾国藩严格的家教，他的孩子长大后，在生活上都很守规矩，没有人奢侈糜烂，自毁前程。

法国思想家孟德斯鸠说："奢侈总是伴随着淫乱，淫乱总是伴随着奢侈。"这句话明确地告诉我们奢侈与淫乱是一对"孪生兄弟"。当一个人生活奢侈时，身边的人往往看不到它背后潜在的淫乱并由此可能导致犯罪，反而会对生活奢侈的人十分羡慕，尤其是在未成年时，是非观念还没有形成，那些过着奢侈生活的孩子，什么贵重的玩具都有，衣服也高档华丽。出于本能，许多小孩子对这种生活充满渴望，有的甚至因父母无法提供这样的生活责怪父母无能。这就是人生观和价值观的扭曲。有的富家子弟，出门有豪车，读书可以选择贵族学校，却因为犯罪被判刑。如果这不是由奢侈、淫乱带来的后果，又能做何解释呢？

俭朴作为一种生活方式，体现了一个人理想的崇高、价值观念的正确和生活态度的端正。

富翁洛克菲勒在教育孩子时，非常强调节俭，他给孩子自由支配的零花钱很少，孩子们想要得到更多的零花钱只有通过劳动获取，比如打理一次草坪、做一次家务，洛克菲勒还要求每个孩子为自己的花费建立账本，并且定期检查支出是否合理。这种特殊的教育方法使其子女都有着正确的金钱观，并保障着家族的长盛不衰。

洛克菲勒的孙子纳尔逊·洛克菲勒曾任美国副总统，在一次出国访问归来的飞机上不小心撑开了裤裆线，随行人员感到很尴尬，而他很平静地从空中小姐手中接过针线包，把头等舱与普通舱之间的隔帘拉上，脱下裤子，自己动手缝上了裤缝，其优秀的素质为人们所称道。父母要主动为孩子成为一个脱离低级趣味的人把好关、定好位。

从孩子关爱的话中发现"短视"之忧

中国有句古语叫"穷人的孩子早当家"。这句话的意思是，如果家里生活条件不好，孩子能帮父母分担生活的压力，这是一种美德。其实这是站在大人的角度来看孩子的行为所得出的结论。站在孩子的角度而言，有什么比他们在青少年时期把全部的精力用在学习上更重要呢。因此，身为父母对孩子在学业与助家发生冲突时，要做出明确的判断，在孩子年龄尚小时，要让孩子既懂得为家里做事，也要让他们明白前途和理想是重中之重。不能只为了让孩子为家庭付出而耽误学业。在孩子的生活重心偏向为家庭付出时，要给出正确的引导和劝勉。

开国元勋董必武的父亲是乡村教师，挣的钱不足以养家，母亲靠手纺"露水棉纱"赚钱。所谓的"露水棉纱"就是当天纺的棉纱，第二天清早就挑到城里去出售，那些露在外边的棉纱沾着露水，就代表是最新的、成色最好的棉纱。一天深夜，董必武的母亲仍然坐在院子里的石榴树下纺纱。董必武一觉醒来，听到纺车吱吱扭扭的声音还在院子里回荡，想到母亲夜以继日地操劳，很是辛苦。于是，他披上衣服跑到院子里，催母亲赶快回到屋子里歇息，并执拗地说："娘，您再不去睡觉，我明天就不去上学了，留在家里帮您纺纱。"

母亲听了这话停下纺车，目不转睛地看着儿子。她对儿子懂得关心自己很感动，但是听他说想不去上学就担忧起来。儿子这么说话，表明家里生活困难使儿子有了想辍学的想法，这可万万使不得。她想了想，顺手摘下身旁的一朵石榴花，和蔼而平静地说："你看这石榴花多好看，听妈妈给你讲个石榴花的故事。"

母亲把儿子拉到怀里说："在很早以前，灾害很多。有的地方大火漫天，经久不息；有的地方洪水横流，泛滥成灾。天空的东南角缺了一大块，九州大地也都裂开了。"

"哎呀，那人可怎么活呀？"董必武听到这里不由得惊叫起来。母亲笑了笑说："幸好，那时候有个名叫'女娲氏'的人，她本事可大了，勇敢地杀死了黑龙和野兽，地上的各种灾害也平息了。虽然如此，'女娲氏'也没有停下来，她炼成五色彩石，把天上东南方向缺的那一块也补了起来。这时候天空亮了，地上的人们也可以正常生活了。在'女娲氏'炼的五色彩石中，有一块红石头，被她从天降到人间，让它夏天开红花，秋天结果，供人们食用。你看，那石榴圆圆的多像一块红宝石呀。"

母亲讲的这个故事让少年董必武感到很神奇，他满眼稚气地说："石榴花真好，在天上能补天空的缺角，在地上能结果子给人吃。我也要像石榴花那样，长大了做对人们有益处的好事。"

母亲接着说："不过，石榴花结籽的多少，还要看石榴树的根是不是扎得深。根深才能叶茂。一个人要想为天下人做有益处的好事，在他很小的时候，就要好好学习，成为有知识、有文化的人。"董必武听了母亲的话连连点头，十分认真地说："娘，我一定刻苦学习，发愤读书。"母亲听了儿子的话，放心地笑了。

董必武的母亲不是知识分子，却是一个用故事教育孩子的高手。在月明星稀的深夜，用一个古老的故事激发儿子刻苦学习、造福于人的志向。小故事大道理，一个农家女子最朴素的语言产生了

听孩子讲胜过对孩子说

神奇的魔力。

美国科学家、诺贝尔奖获得者罗杰·斯波瑞曾经做过这样一个实验：用测试笔贴住人的大脑两侧，并将其连接到脑电图仪上，当受测试者听到统计数据以后，左侧的大脑开始产生电流活动，而右侧的大脑仍处于睡眠和休息状态。接下来，科学家给受测试者讲一个故事，右侧的大脑立刻开始忙碌起来，而左侧的大脑依旧保持着兴奋状态。这个试验说明，故事可以使大脑活跃。这一点对于孩子接受新知识极为重要。

在中国的传统文化中，"故事"是核心内容。正是由于很多道理硬生生地讲出来，不容易理解和接受，把道理渗透在故事中就能很快由耳入心。董必武的母亲给他讲了一个神话故事，然后揭示故事中的道理，打消了儿子想辍学的"短视"想法。这样做的结果是使故事成为大道理的注解，不仅通俗易懂，还在儿子的心里打上了深深的烙印。

教育专家认为，故事是孩子了解世界、认识事物的一种重要媒介。听故事是孩子生活的需要，也是促进孩子心理健康发展的重要途径。家长要学会讲故事，还要会选择故事，知道哪个故事对孩子刻苦学习、求知上进有帮助。

好故事，会打开孩子心中的那扇窗，照进知识的阳光雨露，而这样做的智慧握在家长的手中，不可掉以轻心。

从抱怨中听出需求，送关爱才有好教育

苏联教育家苏霍姆林斯基说过："要像对待荷叶上的露珠一样小心翼翼地保护孩子幼小的心灵。"孩子的心灵犹如春天初生的幼芽，是稚嫩、脆弱的，也是容易受到伤害的。这就要求父母在平时的生活中，一定要细致入微地关爱孩子，细心呵护孩子。

人们常说"教育无小事，事事有教育"，在一些生活小事中，往往蕴含着难得的教育契机，如果父母用心捕捉，发现孩子的心灵需求，并运用教育智慧加以满足，就会使孩子如沐春雨般快乐成长。

鲁迅在儿子周海婴懂事后，就有选择地带他去看电影。凡是益于儿童身心健康的影片，鲁迅就常常带他去观看。一次吃晚饭时，海婴听说享誉世界的"海京伯"马戏团来上海演出了，高兴得手舞足蹈，他是多么想去看马戏团的精彩表演呀。但鲁迅考虑到马戏团大多为猛兽表演，且在深夜临睡前观看，怕儿子受到惊吓，就没有带他去看。海婴得知自己不能看马戏团表演了，为此大哭了一场。鲁迅见儿子如此伤心，便耐心地对他说明了原因，答应另找白天陪他去看。对于这件事，鲁迅在《日记》中做了这样的记载："午后同广平携海婴去海京伯兽苑。"这件事给海婴印象很深，以后每提及此事，海婴就动情地说："父亲对我如此真心的爱，让我一想起来就非常感动。"

鲁迅认为，儿童天真活泼，大人要注意发展儿童的想象力和求

听孩子讲胜过对孩子说

知欲。他曾经说过："孩子是可以敬服的，他常常想到星月以上的境界，想到地面以下的情形，想到花卉的用处，想到昆虫的语言，他想飞上天空，他想潜入蚁穴……"鲁迅对儿子提出的问题，总是耐心地给予解答。

有一天，海婴问父亲："侬是谁养出来的？"

"是爸爸妈妈的爸爸妈妈养出来的。"

"爸爸妈妈的爸爸妈妈，一直到从前，最早的时候，人是哪里来的？"

这似乎是难以用一两句话说清的问题，鲁迅便告诉儿子生命是从单细胞发展演变而来的。但是海婴还是刨根问底："没有单细胞的时候，世上的东西又是从什么地方来的？"

这是更复杂的问题，而且也不是小孩子所能理解的。但为了不使儿子失望，鲁迅还是耐心地告诉他："等你长大了上学读书，老师会给你讲解的。"

儿子虽然问的问题是小孩子不容易弄懂的，但是鲁迅的回答却是一点也不挫伤儿子善问的天性，这是一般的家长难以做到的。

许多家长受传统观念的影响，在孩子面前经常持着唯我独尊的派头行事，诸如"我是你爸""我是你妈"，事事以自己为轴心，对孩子欠缺尊重和理解。这种"变态"的爱，非常不利于孩子的成长。鲁迅细心关爱孩子的故事，给我们带来了很大的启发。身为家长要想使自己的孩子早成才，成大才，就要给他足够的尊重和理解，用开放而不放纵、包容而不袒护的心态教育孩子。

身为学者、著名作家的鲁迅，竭力反对两种错误教育方法：一种是家长实施粗暴压服的教育方法，对孩子非打即骂，压抑孩子的天性，使孩子从小唯唯诺诺，目光呆滞，思想愚钝，而父母却把这样的孩子称为"听话的好孩子"，并因教育有方而扬扬自得，其实这样教育出来的孩子，"如暂出樊笼的小禽，他决不会飞鸣，也不会跳跃"，将来很难有大的发展。另一种截然相反的教育方法是娇生惯养，放任自流，百般宠溺，使孩子在家里成了"小霸王""小皇帝"，要什么给什么，长大了进入社会时，"便如失了网的蜘蛛一般，立刻毫无能力"。现在有些家庭条件好的孩子，即便大学毕业了已经走向社会，还不能独立生活，就是这种不正确的教育方法导致的。

一个人的成才，要经历家庭教育"系统工程"的打造，父母对孩子悉心关爱，并做到收放得当，宽严适度，是最有利于孩子成长的，对于这一点父母不仅要有明确的认识，还要身体力行，持之以恒。

周海婴曾说，父亲写过这样一句话："孩子长大没有能力的话，可以做一些小的工作，不要做空头的文学家。"因此，对于周海婴选择理科专业，母亲许广平从未干涉。受家风的影响，周海婴也让自己的孩子选择他自己喜爱的专业，这样更有利于孩子未来发展。干自己喜欢的事，学会独立生存、快速发展自己，这才是父母教育孩子的最终目的。

"穷爸爸"边走边答，消除孩子的卑微心理

一个人出身卑微不等于心灵卑下，一个人出身高贵也不等于人格高尚。但是，在现实生活中，有的人内心不够强大，始终走不出出身于经济条件不好的家庭而形成的自卑，自暴自弃。有的孩子即

便是考入名牌大学，在新环境与原环境落差大、受到心理冲击后，因与他人相处时产生的愤恨、报复心得不到缓解，就会采用极端方式处理与他人的矛盾与纠纷，甚至酿成悲剧。出现这种让人难以接受的后果，不能不说这是家庭教育的失败。即便是家里的经济条件不好，父母只要对孩子拥有足够的爱和关切，孩子也可以拥有阳光的心态，并因出色的表现赢得他人的尊重和敬佩。

英国作家罗伯特·伯顿曾说：几乎在每一个王国里，最古老的家族最初都是起源于王公的私生子；最著名的战将、最杰出的才子、最伟大的学者，以及所有载入史册的最勇敢的、最具有伟大精神的人物都是出自卑微的家庭。出身或生活环境经济条件不好，但自身具有巨大力量的人，同样可以获得他人无法企及的成功。

男孩子伊东·布拉格的父亲是一位水手，往来于大西洋的各个港口，他有机会乘着父亲所开的大船去许多国家。伊东和父亲来到法国时，父亲带着他去参观奥维尔小城的凡·高故居，在看到这位画家那张小木床及裂了口的皮鞋后，伊东问父亲："凡·高不是一位百万富翁吗？"父亲对他回答说："凡·高是位连妻子都没娶上的穷人。"第二年，父亲又带儿子去了丹麦。到安徒生的故居前去参观时，儿子又困惑地问："爸爸，安徒生不是生活在皇宫里吗？怎么他生前会在这栋阁楼里？"父亲回答说："安徒生是位鞋匠的儿子，他就生活在这里。"

20年后，伊东·布拉格在回忆童年时说："那时我们家很穷，父母都靠卖苦力为生，有很长一段时间，我一直认为像我们这样地位卑微的黑人是不可能有什么出息的。因此，对生活总是没有信心，充满了沮丧，不知道生活的意义到底是什么，非常悲观。是父亲让我认识了凡·高和安徒生，这两个人的经历让我知道，上帝没有这个意思。"伊东·布拉格是世界历史上第一位获得普利策新闻奖的黑人记者，促使他成功地在一定程度上可以说是那两位贫穷的名人。

如果一个人因家庭出身或经济条件不好而否定自身的价值，因自己角色微不足道而放弃儿时的梦想，或者因为被人歧视而意气消沉，因不被他人赏识而深陷苦恼，都是人生观和价值观出了问题。伊东·布拉格也是出生在穷人家庭，是个对前途命运持有悲观想法的孩子，但是他的父亲通过带他参观并向他讲述凡·高和安徒生的生活，让他明白上天不会主宰任何人的命运。自己的命运只有自己去把握、去创造。任何人只要坚持不懈地努力，就一定可以实现心中的梦想。任何时候都不必失望气馁，不能让自己成为自己最大的敌人。伊东·布拉格从小就树立了正确的人生观和价值观，终于通过努力而成为美国新闻界的精英。

一个人不可能选择他出生的家庭和早年的生活环境，但是这也不意味着精神世界会因为物质的匮乏而贫瘠。出身或生活经济条件不好，也不应看低自己，因为任何人都有权选择自己的未来。如果一个孩子在成长的过程中，父母能够多给他一点自信，注意培养他不屈不挠的毅力，少一点自暴自弃，少一点怨天尤人，那么他就有可能成为一个有作为的人。